Rex

José Manuel Prieto

Rex

EDITORIAL ANAGRAMA
BARCELONA

Diseño de la colección:
Julio Vivas
Ilustración: Santa Mónica, California, foto © Maynard Parker, 1935

© EDITORIAL ANAGRAMA, S. A., 2007
  Pedró de la Creu, 58
  08034 Barcelona

ISBN: 978-84-339-7150-0
Depósito Legal: B. 9033-2007

Printed in Spain

Impreso en Reinbook Imprès, sl,
Múrcia, 36 - 08830 Sant Boi de Llobregat

Las cosas son tal como se perciben.

BERKELEY

Primera parte

PRIMER COMENTARIO

1

Lo he leído durante años, sólo este libro. Una y otra vez sin detenerme. Reiniciándolo cuando llegaba al final, donde se describe la gran fiesta, un baile de inauguración, y volviendo a la primera palabra, en el momento en que se duerme en aquella casa en Combray y sueña con la detención del tiempo. Lo he abierto al azar en terminales marítimas (la de Helsinki), en pubs ingleses, en cafés de Estambul, y no ha habido vez que no quedara pasmado ante la inteligencia, la penetración, la capacidad única de ver cosas que escapan a los demás autores. Siempre en él las palabras justas, brotando como milagrosamente, sin necesidad de pararse a pensar en ello, con la naturalidad y la facilidad con que ponemos sílabas, fonemas sin sentido al tararear una canción.

Una lengua de algo tan acuoso y poco sustentador como un río de palabras, por el que navego, sin embargo, a toda velocidad. Y debajo de mí, la masa de aquel río fluyendo, no una mera suspensión de partículas de arrastre: el piélago inmenso de un líquido vivo. Al que pudiéramos asomarnos a verlo funcionar, descubrirlo con vida, moviéndose sus células, intercambiando información, energía, sin dejar de transmitirnos una idea. Un derroche de medios, un gasto al que pocos escritores, ciertamente. No sólo armar una historia más o menos coherente, haciendo salir el sol en la novela sobre aquel mar rojo, sino, reduciendo el grano, la vida increíble de aquella prosa o canción debajo de nosotros, que había usado el escritor sangre donde otros tan sólo agua, simple agua de mar. Igual asombro al reenfocar la vista de la mujer adúltera, de los falsos científicos, de los nobles de dudosa estirpe y descubrir que todo rueda y se desliza sobre el mejor material. La linfa y los fluidos de un inmenso animal, o bien la Tierra como un ente vivo, gigantesco que segregara fácil, pasmosamente, sangre. De golpe, en un solo compás galáctico.

Al punto que llegado el manuscrito a las editoriales, puestas páginas de aquella sustancia nueva bajo el microscopio, no logró ver su editor, el señor Van Leeuwenhoek, más que eso: plaquetas, células rojas, y lo apartó de sí asqueado, juzgó que era tan sólo un líquido contaminado, sin hombres, sin historia, sin un patrón de vida. Buscó por sobre todo aquel mar —que por sí solo era un derroche inaudito, una técnica celeste—, en busca de los esquifes y galeones de los personajes y los halló muy poco y éstos como detenidos. Y se dijo: ¿hay acaso aquí una historia? ¿Es éste un libro? ¡Y era el último libro!

2

Le asombró y le asustó que hablara así del libro, a ese *ser sin edad fija* que por un momento pensé que podía ser yo, que podía el escritor estarse refiriendo a mí, pero que reflexioné y entendí que se aplicaba al hombre que me había recibido, Batyk. Un hombre con un perfecto tipo de lacayo, alguien a quien habían ido a buscar en lo profundo de los más oscuros cuadros al óleo cubiertos de grasa y ennegrecidos por el hollín.

Me preocupa, me anunció con la astucia y la zalamería infinita de Norpois (en el escritor), me preocupa y me temo que su método de enseñanza, una educación, como la que usted pretende, basada en un único libro, no sea la correcta ni la necesaria. Que educación tan sesgada, cuyo vórtice descanse en un solo libro, no pueda, por fuerza, tener un buen resultado. ¿No se me habían enumerado las clases que se suponía debía dar: español, matemáticas, geografía en español? ¿No se me había también dicho que física? ¿No me aseguró usted que tenía conocimientos de física, profundos (sarcástico) conocimientos de física, y no se comprometió usted a cubrir el programa del sexto grado de la escuela y del séptimo?

Y, sin embargo, en la primera clase lo que había hecho era hablar del libro, y en la segunda no había hecho sino hablar del libro y en la tercera leer y entresacar pasajes del libro. Eso lo había obligado a acercarse.

Negando, como el comentarista, la grandeza y la utilidad del libro. Partiendo como el comentarista de esa incapacidad terrible suya, en el comentarista, de hablar de manera franca y directa sobre algo que realmente le interesara y entregado al afán de negar los buenos libros, ignorar los muchos que se han escrito, el vicio en él de prestar atención, única y casi exclusivamente, a autores menores, figurantes de índices. La demasiada fijeza con que se aplicaba a estudiarlos reduciéndolos a partes, viviseccionándolos. Y no *viví*, sino moriseccionándolos, porque quedaban sin vida ante mis ojos. La satisfacción del jugador que ha visto funcionar una máquina, un prodigio de ingeniería. Las ruedecillas de sus citas girando en sus alvéolos, dientecito con dientecito, pero una máquina, ¿sabes?, sin calor humano. Perfecta, pero una máquina.

¿Quién no la ha sentido así? Lo invito a escribirme, a que intente confundirme con la historia de cómo cerraron uno de sus comentarios preocupados, movidos por algunos de esos comentarios secos que pretendió hacer pasar por literatura. Alguien en toda la tierra lectora, jamás.

Y un hombre así, un horror semejante, en tu casa. Su sorpresa cuando le hablé del libro y me lo pidió para inspeccionarlo. Lo sostuvo frente a sí, se meció sobre sus talones, lo alejó como un présbita, fingió leerlo. Se preguntó en voz muy alta y repleta de falsedad: «¿Y cómo es que no me dice nada, como es que no me habla a mí este libro y no me dice lo que dices que dice?» (El personaje en babuchas que aparece en el segundo acto y que con sólo verlo entrar a escena, la chilaba sobre sus hombros, los calcetines caídos, sabemos que algo malo hará, pérfidamente.)

Como en efecto hizo abriendo los brazos, al ancho que lo abren en Siria o Estambul (no Angarsk, en Buriatia, de donde era), fingiendo que el libro se le escapaba de su mano por el movimiento del brazo. Todo su ser, su marrullería, en aquel gesto. Falsamente conciliatorio primero, para arrojarlo luego a la esquina de la mesa. De donde, llevado por su propio peso, resbaló y cayó sobre su lomo.

3

No me moví ni hice gesto alguno, Petia. Me despegué, es verdad, un centímetro de la pared, blanco de ira, pero me serené antes de ponerme en movimiento. Caminé luego hacia el centro de la habitación, arrastré mis pies hasta el lugar donde había caído y lo recogí del piso. Lamentando habérselo dado, haber errado así mi cálculo y porque cuánta razón tiene el escritor donde afirma: *la capacidad de tornarse, en un segundo.* Palabras que quieren decir o admiten esta lectura: que al inclinarme yo para levantarlo mantuve mi rostro abajo y mis intenciones a cubierto, consciente de que tan sólo una persona en tu casa, alguien a quien seguirle hablando, cuya compañía me agradaba. Que el día de mi arribo, horrorizado por las cortinas orladas, por el lujo horrendo con que habían decorado toda la casa y en el que encajaba un detalle tan zafio como la estatuilla en tres cuartos de un moro con turbante, se verificó en mí un cambio súbito de planes, la idea totalmente contraria que me había hecho de abandonarlos. Lo mismo que un líquido que se polariza, se reordenan sus cristales y cambia de mano. En el instante preciso en que me encontré con tu mamá y tras la conversación que sostuvimos en la sala, el agua azul de la piscina centelleando a sus espaldas. Y se abrió ante mí como un artefacto que desplegara todas sus antenas, pusiera a punto todos sus sistemas vitales y comenzara a enviarme señales por sobre el mármol de la mesa: el espesor consistente de su conversación, la constitución isotrópica de su envoltura intelectual, con buena señal en la dirección que avanzaras: igual cualidad de inteligencia despierta, mente penetrante, ojos abiertos.

El vestido que se había puesto esa noche sin que esperase a nadie, la sobriedad e inteligencia de todo su atuendo. Porque los muebles italianos y el marfil labrado me habían hecho prepararme para el ama de casa gorda, floja la cara, la popelina estampada y los senos enormes a las 8 p.m. La dama burguesa que sale a comprar cigarrillos a dos cuadras de su casa; se baja del coche, lo deja encendido, y la estudias paralizado por el horror: el casquete laqueado del peinado, el viejo móvil por el que recibe o da instrucciones a los lejanos ejecutores de su tonta voluntad.

Y bien, todo lo contrario: la rodilla sabiamente oculta bajo la tela suave de un vestido claro, el pecho poco pronunciado, de joven, el brazo alargado visiblemente por la pluma o lapicero que sostenía y con el que no dejó de apuntarme mientras me hablaba, me instruía sobre el sentido de mi acción pedagógica, la educación que quería para su hijo.

Y en el índice de aquella mano la fuente de luz de una piedra enorme, de mejor gusto así y más inteligente, grande e intencionalmente desproporcionada, que podía ser vista, pienso ahora, como el único punto de contacto entre ella y la dama del estanquillo. Pero fresca aquí, sin una nota falsa, la hoja delgada y oscilante con que se introduce el tema de un clarinete en un primer movimiento. De un timbre así, ligeramente masculino, no una flauta, no los arpegios de un arpa: consistente y delicado, preguntas al pecho... Sin que me tentara ni por un segundo decirle la verdad, mintiéndole con la prontitud con que un coro de cuerdas y metales responde al concertino.

4

Que es donde dice el escritor, y sin que quepa imaginar error en él, *un estanque.* En el sentido de que vistas desde el cielo aquellas casas parecían apéndices de los redondeles azules de las piscinas, lugares desde donde entender el hecho más importante del agua en el jardín. En lo más alto de la costa, en un acantilado que dominaba el mar y sobre el que habían construido, a todo lo largo, un bello frente de casas con piscinas. Como conectadas aquellas piscinas al manto azul del agua, la fuente que las alimentaba secretamente y al que me había volteado antes de apretar el timbre, a verlo romper contra la costa, la bruma sobre la playa, los cipreses en lontananza, las piezas de cerámica azul sobre el portón. Sin que nada en aquel muro me hablara de algo que temía, que una casa así. Gentes con las que no te gustaría compartir el asiento de un avión, verlos sacar su teléfono móvil, farfullar malhumorados las últimas instrucciones antes de que cierren las puertas, lanzando miradas de clara sospecha a tus manos sobre el descansabrazos, abiertamente belicosos. La voz que indagó recelosa tras el visillo, del hombre que lanzó miradas a ambos lados de la calle por si me acompañaba alguien, un cómplice. Fluidos de mala voluntad, el hombretón canoso que no dejaría de teclear en la sombra del bar, los tipos trajeados que pulularían por todo el jardín.

Y no: la mejor impresión. La visión de la piscina centelleando entre la hierba, que me hizo detener de golpe, maravillado. No sólo conectadas entre sí aquellas piscinas por el manto subterráneo, sino que en comunicación constante con el mar: el mismo vaivén lento, igual majestuosidad. El albornoz listado que me compraría con mi primer sueldo, con una pequeña parte del primer sueldo. Una vida en la que holgadamente cabían el mar, albornoces listados, el sirviente o mayordomo que esperó inmóvil, marcadamente cortés, a que las hojas del portón regresaran a su lugar atraídas por el brazo mecánico en el muro, en el segundo o dos, sin fórmulas de etiqueta, sin palabras, en que gira la pesada hoja de hierro, regresa a su lugar, se vuelvan a pasar los cinco cerrojos, los revisa tu anfitrión barriéndolo con los dedos abiertos. Ya volteándose hacia mí, preguntándome quizá (no lo recuerdo): cómo le fue el viaje. Fingiendo amabilidad y buenos modales aquel hombre, regresándome el miedo y el disgusto de una compañía en nada aconsejable. El lujo horrendo que inundaba la casa, cuando alcancé la pared encristalada, aparté una cortina que el viento me echaba en la cara y dudé, una vez dentro, si dejar caer mi valija sobre la alfombra, el libro que traía en ella, que no había dejado de leer en todo el vuelo hasta que comenzamos a descender y me asomé por la ventanilla y descubrí los círculos azules junto a las casas en lugar de las parcelas de verde cultivado más al norte.

5

Poco seguro, es la verdad, de que podía hacer algo para disminuir en algo la idiotez que la televisión había labrado en la mente del niño, como un disco de vinilo rayado por una aguja demasiado gruesa, de veintisiete pulgadas, el ancho del haz que el televisor proyectaba sobre él. Aunque añade luego: el *tiempo que ha vivido*. Palabras a ser leídas así aquí: podía ser preceptor de un niño. El hombre viejo que usa las suertes aprendidas en la marina (en la odiosa marina), y que una vez fuera, cuando pensabas que jamás volverías a golpear la llave y auscultar el éter, encuentras un anuncio de que se necesita un operador Morse para una base en las islas Fidji. Lo circulas y no tardas tres semanas en verte en shorts y con camisa hawaiana fumando indolente en la caseta del radista, arrastrando unas chancletas vietnamitas, golpeando el piso con el talón de goma.

Un niño inteligente y un niño listo, tú, Petia. Que tras dejarme hablar por un segundo supo al instante de qué se trataba. Comprendió cuál método había escogido para enseñarle. Supo entenderlo con absoluta rapidez al verme detenerme en aquella frase, en un pasaje, le dije, que ilustraba a la perfección lo que quería decirle. Porque explica el escritor en algún pasaje que la ignorancia humana o, mejor, la estupidez humana es como el mar que hiende la quilla de un barco, que es la inteligencia. Y que viajando en ese barco se tiene la impresión de que se va abriendo algo, un camino en la masa de la estupidez (y la ignorancia humana), pero que tras la popa el agua corre a juntarse, se cierran en un abrazo, sin que quede rastro del paso del barco, tan sólo un ligero temblor, el blanco de la estela, y luego, un cuarto de milla después, nada. Me miró entonces, entendió que de esa forma únicamente, con el libro.

Un hombre joven yo y calmado, no una maestra descentrada, revueltos en su pecho todos los desaires amorosos de su corta edad. La sabiduría, en mi caso, de un lector del libro, una persona en equilibrio, muy fijo y consciente de su lugar en el tiempo, la marca del nivel en los veintinueve años, que era la edad que tenía cuando aparecí en tu puerta con el libro en la mano y con la clara misión de salvarte, Petia, al niño que encontré sentado a la turca, finamente cableado todo su interior, desde la cabeza rubia hasta los pulpejos de sus dedos. Sin parpadear, sin dudar un segundo en apretar o presionar el botón correcto para patear a los monstruos. El flautista (en el escritor) sustituido por aquel ser aborrecible, un enano perverso, la más chata aunque engañosa apariencia de un fontanero con mostachos, la manera antinatural que tenía de saltar, como si levitara, a golpear con su pesada llave inglesa los brillantitos que giraban en el aire y por todo reino iluminado de Nintendo. Siempre un brillantito de ésos lanzando destellos sobre la puerta o en un hueco del muro, mostrando hacia dónde avanzar, alcanzar otro nivel de complejidad.

Enfrentado la primera mañana a la tremenda dificultad de dar la clase, cómo y según qué método hablarte de geografía, de historia. Y abrí el libro que había llevado arriba conmigo sin un propósito fijo, sin entender, cuando lo tomé, qué uso podía darle y comencé a leerle de aquel pasaje y de este otro, por ejemplo, donde se habla de los Verdurin, describe el escritor ese horror de muebles que tienen por toda la casa, que pretenden y dan una idea de riqueza, en efecto, pero de riqueza nueva y execrable: sin una mancha, sin un pliegue en los forros, sus acabados finísimos, pero por eso más horribles. La impresión que tenía siempre de tropezar con una pared de mal gusto, una superficie espejeante, al punto que no atinaba a entrar a veces, vacilaba porque pensaba que sin descorrer las puertas de cristal.

Ya más seguro de que sabría darle una clase al niño. Una pedagogía flexible, sin forzarla hacia tema alguno, ninguna de las ramas del saber, que es lo que habría querido para mí mismo, no haber perdido meses abriéndome paso por entre las matemáticas y el álgebra. Adoptar al escritor como un único autor básico, transmutar en sabiduría los conocimientos del libro. Un niño a quien encontré feliz por no tener que ir a la escuela, ¿qué niño no, Petia?

6

La sensación de haber llegado aposentándose finalmente en mí, la imponente vista por sobre el muro, la carretera que bordeaba la bahía y que había atravesado el primer día mirando hacia acá, intentado adivinar cuál de aquéllas la casa. Sin que hubiera imaginado, claro, nada así: la magnífica disposición de los cuartos, tensado el cobertor de una manera que sabía sería incapaz, ¡nunca!, de hacerlo.

La idea excelente de estas casas con piscinas, los días que me bañaría en ella, leyendo hasta que no hubiera más luz en el cielo y prendieran las de la casa. El perfume que me llegó de la tela rugosa, cuando me incliné para dejar la toalla, y acerqué mis ojos por el propio movimiento al forro de la tumbona. Con tanta fuerza que la visualicé en ese momento, a la dueña de la casa, bordeando la piscina con el mismo vestido de aquella noche, crema pálido con estampados en verde, ciñéndosele a la pierna al avanzar hacia el lugar donde estaba yo acostado. La esposa abandonada que quería para una casa así, abriendo su pelo antes de recostarse en la tumbona e impregnándola con su perfume.

Envuelto, desde el primer día, en el sonido del mar, y sin dejar del preguntarme desde el primer día de dónde aquel sonido tan audible de las olas, algo imposible a la distancia que estábamos del mar. Hasta que descubrí unas columnas plateadas en la sala que no parecían, que imposible que fueran, que estudiadas más de cerca, resultaron ser las bocinas del estéreo, un modelo muy delgado y muy caro. Indetectable de qué bocina, claramente; incapaz de decirte si ésta bajo la lámpara con gemas incrustadas funcionando o aquella otra, el susurrante oleaje del mar embistiendo la costa.

Algo sobre lo que no había oído hablar, una moda nueva en casas así, de ricos. ¿Pero para qué el estéreo, por qué no mejor simplemente el sonido real del aire, el trino de los pájaros? ¿O bien para qué el acuario con peces tropicales en las pantallas de plasma que veía ascender colocándose de canto y de costado, como peces reales, con la parsimonia y la ristra de burbujas de los peces reales?

El fresco de la brisa que sopló al abrir yo al día siguiente una puerta por error, que tomé por la de mi cuarto y el aire rodó por sobre el mosaico esmaltado, la luz de la tarde iluminando suavemente el mar de teselas del piso. Un dibujo que no alcancé a distinguir, para lo cual debí dar unos pasos atrás, volver al pasillo, estudiar desde allí todo el diseño, la pileta al nivel del suelo, la torpe y dura cabeza de un animal marino, fijo allí. Girando, retorciendo sus tentáculos cuando caminé en torno a la pileta, maravillado. ¡Tanto dinero! ¡Un simple cuarto de baño convertido en una habitación de baño! El espejo de tres lunas al final de un bucle o tentáculo, el gavetero de palo rosa, la balanza esmaltada, como el monstruo de un grabado, que sostiene en el aire a un velero, a un trozo de mástil y a un marino.

Ignorando los demás detalles, la esponja de muchos ojos, los nebulizadores con perfumes, los grifos, grandes como pájaros grifos, brillando al nivel del piso y en el lavamanos. El tenue resplandor que no pudo engañarme: el reflejo dorado de piezas de oro. Y me acerqué a ellos, creciendo el brillo y la certeza de que sí, oro, ¡no puede ser! (me acerqué un poco más): ¡oro! ¡Grifos de oro en los baños! ¿Cómo así? El mismo asombro que en un reino remoto ante bacinillas y escupideras fundidas del mejor oro. Nada que los señalara sin embargo, un rótulo que las explicara o las destacara con flechas, arrancadas las etiquetas desde el primer día, en las que decía: oro dieciocho. Sin detenerse un segundo en ello, tal vez sólo en los primeras semanas, ladeando la cabeza y entrecerrando los ojos por el demasiado brillo, felices por la suave pátina de oro al tacto, pero luego, entrando el pie en la pileta para ver si agua caliente o fría, sin un pensamiento para ellos, inmersos en fluir de los días. El agua fresca que cayó golpeteando contra la porcelana verde. Yo en el borde como sobre el brocal de un pozo, la vista fija, hipnotizado, en las burbujas.

7

Porque habla, por último, de un hombre joven (enseguida, cuando dice: *muchos años más joven),* casi un niño, un adolescente tardío, yo. Que caería perdidamente enamorado, lo concedo, tontamente enamorado y por eso perdonable todo lo demás, el abandono, incluso y muy recriminable, ¡me condeno por eso!, del libro. Más joven esa tarde de lo que soy ahora, Petia. Habiendo recorrido todos los pasillos de la mansión, encontrado puertas clausuradas, dagas en el aire, como un hombre, un caballero que avanza arrastrando los pies trabajosamente en su armadura pavonada, azules también los árboles en la ventana, pájaros azul turquesa en sus ramas. Sabiendo que jamás saldría de allí, al menos por la misma puerta que había entrado, que tras de mí, a cada paso que daba, cambiaban los corredores, la configuración del castillo.

Enamorado, Petia, dispuesto a torcer el espíritu del libro, de entresacar de él, de sus páginas, todo lo que mi corazón y el corazón de la mujer que amaba pretendía. Cualquier cosa: la elevación de un hombre sobre el escudo, el proyecto y el plan más descabellado que alguien imaginar pudiera, y el mayor peligro también. Con el rostro vuelto hacia ellos sin saber, el día que llegué a tu casa, que así sería, paseándose por sobre mi rostro, todos los significados del texto, todos sus colores, irisándose.

Feliz, Petia, cuando el hombre aquel, el mayordomo filipino, me abrió la puerta y descubrí, sin dar un paso todavía, la gema azul de la piscina centelleando al fondo. ¿Cómo entenderlo? ¿Todo aquel dinero? ¿Cómo habido?

Mal habido. Jamás ganado, como me quiso hacer creer tu mamá, con la venta de un invento único patentado por tu padre. Porque primero me dijo esto, pero luego, también como alguien cuyo *nivel cambiara constantemente,* me habló de una venta de equipos al ejército, versiones excluyentes y contradictorias del origen (ilícito) de aquel dinero. Múltiples interpretaciones, Petia, infinitos significados. Deteniéndome frente a una explicación, explorándola, moviéndome a otra. Sin sospechar que pasaría horas en el centro de tu cuarto tratando de colectar los varios sentidos que el escritor puso en el libro, buscando la manera de salir de aquel lugar y del embrollo al que yo mismo, voluntariamente.

O como, mejor de manera magistral en toda la frase: *Pero el hombre es ese ser sin edad fija, ese ser que tiene la facultad* (¡la facultad, Petia!) *de tornarse en un segundo* (¡en tan sólo un segundo!) *muchos años más joven y que rodeado por las paredes del tiempo en que ha vivido flota en él, pero como en un estanque* (¿no es bello eso? ¡Como en un estanque!) *cuyo nivel cambiara constantemente y le pusiera al alcance ya de una época ya de otra.*

¿No es increíble que diga tanto? ¿No es pasmosamente exacto? Porque veo, Petia, el día de mi llegada, cómo se levanta la lenta ola esmeraldina y nado y avanzo en su cresta, dispuesta toda la historia en su interior en un único frente. No en profundidad, sino incrustada en ella a lo largo y a la que puedo aplicarme, Petia, a voluntad. La mañana en que tardé varias horas en el jardín, maravillado por el azul de la piscina. Y cómo me detuve antes frente al timbre, la pequeña cámara que llevó mi rostro al ojo del Batyk, el mayordomo filipino (o como un mayordomo filipino), el libro en el fondo de mi mochila, irradiando desde allí, el centro en torno al cual organizaría mi labor de preceptor. Una profesión que nunca había ejercido, Petia, consciente de que mentiría si daba el primer paso hacia el jardín del césped y al azul de la piscina, y que me salvaría de mentir si retrocedía, desandaba el camino. Pero entrando de todos modos, alguien que engañó a tu mamá, aquella misma noche, que le hablé mintiendo como el comentarista. De modo que en mi historia salía del mar bajo la apariencia de un médico griego que una tormenta hubiera lanzado entre Kasos y Knosos, y ganaba a nado la costa, el piso de la sala, chorreando agua. Musculoso como un cíclope, cubiertos los hombros de medusas fosforescentes.

Una imagen que tuvo en ella la fuerza de un hombre proyectado, que se corporeizó muda en el aire con el parpadeo de una película antigua. Con un libro, le dije, un único ejemplar que conservé durante el naufragio envuelto cuidadosamente en un plástico. Una noche horrible, con toda el agua del mundo bajo mis pies y bajo mi espalda y bajo mi vientre. Precariamente en lo alto como sobre una tambaleante construcción de sillas, lleno de peces abisales ese mar. ¿Cómo logré vencer los arrecifes? ¿Cómo no me destrocé el cráneo contra una roca? Pasé por alto sus preguntas, machaqué la imagen del cuerpo fuerte, ciclópeo que emergía trabajosamente de las profundidades con el libro. Porque había logrado conservarlo, un volumen en octavo que estudié de pie sobre la arena, el plástico que lo envolvía, las gotitas de vapor desapareciendo como por ensalmo bajo el sol de la mañana.

SEGUNDO COMENTARIO

1

Me tendió la mano tu papá sin dejar de mirarme un segundo. Estudié su rostro desde abajo, fingiendo siempre mayor susto del que en realidad tenía, aunque ligeramente asustado, también. La sombra de un bronceado, el cabello de rubio trigo a rubio cenizo en los últimos años, las mangas arrolladas a mitad del brazo, el vaso con naranjada en la mano (no con licor, más peligroso aún, me dije). Me taladró con la mirada, lo que tuvo la mitad del efecto deseado (la otra mitad era fingida por mí). Ladeó la cabeza, abrió los labios, inquirió con sorna: «¿El preceptor?» Y entonces sonrió porque me tenía ahora cogida la mano y podía, de quererlo, imprimir un giro brusco a todo mi cuerpo, zarandearme como a un pelele. Fingí que el agarre me atemorizaba más de lo que en realidad me atemorizaba (aunque me atemorizaba). Le devolví el saludo con gesto afable, sin ofrecer resistencia al giro de sus barrenos. Alguien inofensivo, sin otros planes que no fueran aprovecharme de su dinero, descansar al sol. Simple como un hispanohablante, un aborigen con ciertas habilidades, el español en este caso, llamado a servir en su casa.

Lleno de perjuicios, tu papá, contra los extranjeros, contra España y contra nosotros, los españoles. Lo leí en sus ojos. No me dolió ni pensé hacerle cambiar de opinión. No me dije: le demostraré, con mi trabajo, con mis conocimientos. Dejé que fuera él quien soltara la mano, lo que hizo al momento porque sintió aquella fuerza en mis ojos, en la manera en que los saqué sin esfuerzo de debajo de los suyos. Me señaló, entonces, con un gesto amplio, de alguna película, el sofá leonado. Mi miedo real y el fingido cediendo paso rápidamente a una profunda convicción de su insignificancia (¿de mi papá? Sí, escucha), de que ahora mismo se abrirían todas las gavetitas de su pecho, se ablandaría despresurizado tras el largo viaje.

Su actuación ante mí, su recibimiento, respondía al gesto reflejo del actor que encuentra a un admirador rumbo a su camerino y no puede evitar seguir siendo Mitrídates y recibe las flores con el gesto augusto de su personaje, no con el de un actor cansado y viejo. Me invitó a sentarme dentro de esa misma lógica, como si se dispusiera a hablarme de las bondades de la educación casera y sobre la deficiente instrucción escolar, pero en el momento en que su espalda reconoció el sofá de la sala, se desenergizó todo él y permaneció un minuto parpadeante, cambiando de régimen. Cuando volvió a hablar, se dirigió a su esposa en un sollozo: ¡un desastre! El desagrado de ella, la dureza real contra la que rebotó el punto negro de mi mirada. Me volteé hacia ambos, les pedí permiso para retirarme. Les dije: creo que mejor me retiro, tendrán cosas de que hablar.

No me agradeció la delicadeza, tu mamá, no cambió la expresión. Permanecieron así, en pausa, en un cuadro titilante que en el momento en que subí la escalera y oyeron cerrarse la puerta de mi cuarto, se abalanzó con el ímpetu que imprime el botón de play a una imagen congelada, los veintitrés cuadros restantes cayendo en tropel al segundo siguiente.

2

Algo había pasado, Petia, o existen dos formas de leer este pasaje con significados opuestos: salirme al comienzo mismo, no esperar a convertirme en testigo involuntario de confesiones más terribles. Porque algo le había ido mal a tu padre al punto de no haber podido esperar a que yo me retirara, la noche anterior, para decírselo a su esposa: que la operación había sido un «fracaso» (sin que lograra saber qué precisamente). La mano que alzó y con la que dijo —los dedos de su diestra chocando con la palma de la otra en el aire—: intenté por aquí, y nada; por este otro lado, y tampoco. A pesar del lujo que me llenaba los ojos, Petia, a pesar de sus increíbles zapatillas con iniciales bordadas, a pesar del reloj de oro girando en su muñeca, a pesar de la manera que tuvo de ponerse de pie y arroparse en su bata afelpada, cómo bordeó la piscina y caminó por el frente de naranjos seguido por los *borzois*, delgados, como perros de perfil. El punto negro del Mercedes brillando a mi derecha, en el porche. A pesar de todo eso.

E irme también porque sentía lo mismo: ¡un fracaso! Todas las veces que entraba al cuarto del niño, a tu cuarto, Petia, y constataba cuán poco habías avanzado en tu educación. Reprimiendo mis deseos de pegarte, como cuando, en casa de Septimio Severo, el escritor rompe desesperado su puntero en la cabeza del pupilo, aquel niño diabólico en el que comenzaban a manifestarse, en sus ojos azules, los primeros síntomas de la enfermedad que terminaría matándolo para enorme regocijo y alegría del escritor. Que no dio un paso de sus pies calzados con sandalias, a tomarlo en sus brazos, para correr con él, salvarlo. Observando mejor, desde la altura de sus ojos, los progresos de la enfermedad, los gusanos que se abrían paso por sus fosas nasales horadando la dura masa de su cerebro. No la infinita paciencia y las palabras cargadas de miel del magíster: aquellas serpientes de agua, gruesas y lustrosas, que habían anidado en su cerebro poco receptor, escasamente abierto a la enseñanza. Un niño a quien había llegado a odiar, consciente de que todo su arte pedagógico, todo su celo, incapaz de penetrar su desidia, atravesar el blindaje de su pelo amarillo, como paja, en su cabeza.

27

O bien quedarme. Dividido.

Cuando observaba a tu mamá salir del agua, pasear por el jardín. Toda su inocencia en la manera en que permanecía en el portón atisbando a ambos lados de la calle. Caminando luego hacia la casa con la franqueza con que Albertina aparece en la playa de Balbec, ese pasaje hermoso en el escritor, lleno del encanto del grupo de muchachas, cada una discernible avanzando por la *promenade* de Balbec. La misma sensación de ave o avecilla que se paseara por la hierba del jardín, aunque ¿has visto a las avecillas caminar? Nada más torpe. Volar no.

Volando tu mamá con infinita gracia por el jardín, el cabello barriéndole los hombros, brillándole sus muslos, bajo la tela del vestido. Una cortesana y una asesina, Nelly, fácilmente visible en su forma de caminar; su pantorrilla hablándome, sus omóplatos.

De pie junto a la ventana, viéndola ir.

O como los campesinos aquellos de los que habla el escritor con sus rostros pegados al ventanal del comedor del hotel en Balbec. Sin adelantar sus intenciones, la terrible convicción de que aquellos peces se verían mejor en una colonia correccional, trabajando animosamente por su rehabilitación, rodando carretillas y llamándose en voz alta por sus nombres de pila. Taimadamente: qué pez y cuál comportamiento. A abrir sin ruido las compuertas de aquella pecera, hacia la cual nadaría el pez por propia voluntad, mujeres en los ojos de uno, joyas en los de otro. Y una vez fuera, así engañados, a palear tierra y a rodar carretillas.

El descubrimiento que hice ese mediodía, al día siguiente de la llegada de tu padre, y que me haría cambiar todo lo que había pensado hasta ese momento sobre la casa, los elefantes de porcelana y el lujo asiático. Un hallazgo que tuvo por decorado o telón de fondo el arco iris que los aspersores del jardinero japonés colocaban en el aire de una punta a otra del jardín.

Y un tesoro en el lugar donde iba a morir ese arco iris, el

destello de una gota entre la hierba, fija allí como un planeta entre el volar de las estrellas vespertinas. Una formación engrosada artificialmente, sin desplomarse sus paredes, grande como un garbanzo. Azul.

3

Había estado haciendo esto: había subido al cuarto del niño a dar mi clase como todos los días. Entraba al cuarto, abría de par en par las ventanas, le gritaba al oído: ¿para qué, por qué tanto tiempo entre esas paredes sulfurosas, esos planos iluminados, Petia?

¿O era una ventaja que tenías, que no hubieras leído nunca, una mente en blanco a quien inculcarle el amor a la lectura, no importa que de un solo libro? Lo abría, buscaba en él una explicación a tu tonta afición a la televisión y al enigma que tanto me ocupaba: ¿qué los obligaba a permanecer todo el tiempo en casa? ¿Por qué no salían a pasear nunca? La manera que tenía Batyk de revisar los cerrojos de toda la casa antes de acostarse, como una sombra, y los perros, los *borzois* traídos expresamente de Rusia, jadeando siempre, pisándole los talones. El viento que bajaba al cuadrado del jardín, la parte baja del viento que soplaba desde la costa y nos envolvía a todos allí, en la piscina en el momento en que acababa las clases del niño y pensaba: bueno, he trabajado, he batallado con su obtusa cabeza, ¿por qué no salir? ¿Dar un paseo? ¿Irnos todos a la noche marbellí? (Había escuchado eso de la «noche marbellí», no se me ocurría llamarlo de otro modo cada vez que veía prenderse las bombonas del Paseo Marítimo, la guirnalda de luces junto el agua.) Alguna disco donde bailar, una mujer, Nelly, tu mamá, que sería, a sus años, la más bonita y rutilante de toda la pista. Pero no: pasaban las horas junto a la piscina tomando naranjadas, tumbados al sol sin que hicieran nada por levantarse, decirse: mira, ya se ha hecho oscuro, ha bajado el calor, en tu vestido verde, Nelly, ¿por qué no vamos a aquel restaurante de comida portuguesa o a aquel camboyano? Irán Yura y Natasha o Juan y Arantxa.

Nunca.

No tenían amigos, nadie los llamaba, nadie visitaba la casa. Jamás salían. A veces, desde las ventanas del cuarto, sacaba la vista por la ventana y la veía, a tu mamá, asomada al portón, atisbando por la portezuela que se abría a la altura de la cara (por si veía a su esposo venir, pensé cuando él se había vuelto a ir, dos semanas después). Pero no, porque también lo había hecho, se lo había visto hacer estando él aquí, estudiando quizá los coches o las gentes que pasaban (pocas, por esas calles, todos en coche). Sólo Batyk se aventuraba afuera, lo veía volver con las bolsas del mercado y también, a veces, con periódicos en ruso.

Retomaba mi lección, pensaba, en ese momento o abría el libro, lo ponía de canto sobre mi mano, y dejaba que sus páginas se abrieran, pesadamente, con la pesadez de las muchas hojas de papel Biblia juntas, como un blibliomántico que busca adivinar con el libro, leer el futuro. Y caí, esa mañana que te cuento, en este pasaje hermoso que habla del mar, está lleno de ese aire azul del mar, todo su ancho o espesor hacia el cielo, donde vive el azul, Petia, filtrados todos los colores del espectro.

Llena esas páginas del temblor de unas muchachas *(en flor,* las llama, de manera encantadora, el escritor), una escena que descubre la vida o la promesa de una mejor vida afuera, pulsando y desplazándose por todo el frente de la playa. El método único de escritor, su escritura ralentizada, paseos calmos como éstos, Petia, algún día: *Cuando, allá por la otra punta del paseo del dique, destacándose como una mancha singular y movible, vi avanzar a cinco o seis muchachas tan distintas por su aspecto y modales de todas las personas que solían verse por Balbec como hubiese podido serlo una bandada de gaviotas venidas de Dios sabe dónde y que efectuara con ponderado paso —las que quedaban atrás alcanzaban a las otras de un vuelo– un paseo por la playa, paseo cuya finalidad escapaba a los bañistas, de los que no hacían ellas ningún caso, pero estaba perfectamente determinado en su alma de pájaros.*

Entonces lo vi bajo la fina llovizna de los aspersores: una gota de rocío, una formación engrosada artificialmente, grande como un garbanzo azul.

4

Caminé toda la mañana hacia aquel destello, abriéndome paso entre la hierba y bajo el peso de una terrible sospecha. Llegué hasta él trabajosamente, lo recogí, aquel destello, aquella luz solidificada entre el pulgar y el índice. Una piedra azul, un cristal de algo que examiné en esa posición, sin incorporarme y sin que lanzase destellos ahora por haber quedado bajo la sombra que mi cuerpo proyectaba. Disminuyó la sombra, la absorbieron mis pies a medida que me incorporaba sin apartar los ojos de aquel cristal, el sol en su cenit. La moví, entonces, a la piedra, la hice girar para que lanzara los destellos que había descubierto arriba girando mi cabeza, la piedra fija, clavados mis ojos en lo azul.

En el jardín, entre la hierba del jardín. ¿Cómo? ¿Caída de cuál bolsillo? Supe, al instante, ganando velocidad y disminuyendo mis proporciones, de cuál bolsillo. No del delantal de Lifa, no de la camisa de nylon blanco o del pantalón gris, ¡horrible!, del buriato, sino de los pantalones inmensos de tu padre. La noche anterior (¿una noche estrellada?, una noche estrellada) llegando a casa y, una vez dentro, pasado el muro, arrojando las piedras que apretaba en su puño. Seguro ahora de que no había errado el rumbo a casa, a la que casi podía tocar cuando adelantó las manos como un sonámbulo y caminó hacia la sala iluminada. Pero antes, sin fuerzas, dejando caer aquella piedra.

31

Entrando y saliendo las cortinas de la sala todo ese tiempo, a mis espaldas; sintiendo yo todo ese tiempo las cortinas sin necesidad de volverme para verlas. ¿Caminar en la dirección contraria, franquear el portón, salir a la calle, pegar la espalda al muro a estudiar este asunto del aire rebanado? ¿O darme vuelta y anunciar a gritos: «¡Un diamante! ¡Aquí, en la hierba!»? El aire batiendo mis pantalones, la brisa (o el terral, no sé) soplando en mi espalda, el ligero empujoncito de un dios, del céfiro. Entenderlo, asentir: «Bien, pero ¿cómo? ¿Volar de aquí? ¿Correr por un diamante en bruto? ¿Por un diamante sin tallar entre la hierba?»

Esa pregunta en mis ojos, alzándome por sobre el muro sin apartar la vista del mar, moviéndose hacia la costa aquel mar, conteniendo un secreto entre sus capas, lentamente una y otra vez, su masa azul con estrellas de mar y peces en su corte. Rodando en esa masa, en su interior, la respuesta a mi pregunta: ¿quiénes eran ellos? ¿En medio de qué había ido a dar? Y ¿qué hacer ahora? Lo supe, lo entendí al instante: abandonar aquel lugar, Petia, la casa de tus padres, alejarme de allí teniendo cuidado de no pisar las demás casas. Como un gigante que se hunde bajo la línea del horizonte. Sin voltearme y sin detenerme a averiguar quiénes eran ellos. Asesinos a sueldo. Extorsionistas internacionales.

5

Falso, por eso, lo que dice el comentarista como si al escritor le hubieran podido faltar temas para escribir una novela original o primaria sobre cualquier asunto antiguo o moderno, la llegada de un joven al sur de España, en Marbella, a una casa de rusos (o mafiosos rusos) donde se coloca como preceptor de un niño y en la que llega a sentirse fascinado por la mujer del dueño y a verse involucrado en la más increíble de las historias. ¿No basta esto para un libro original, un libro a escribir punto por punto, sin vueltas o comentarios en el caso de que alguien, un escritor primario, se dispusiera a hacerlo?

Había en ella o contenía esa historia varios libritos delgados, rubias mujeres en sus portadas con los ojos redondos como platos, revólveres humeantes. Siete libritos de aquéllos darían cabida sin dificultad a esta historia, podía generar este asunto siete novelas de detectives o albergaba esta historia en su interior siete novelitas seriadas, de cien cuartillas cada una sobre el asunto de todo el dinero que parecían tener, sobre el extraño personaje del buriato, sobre los frecuentes e inexplicables viajes del padre del niño y sobre la castellana, Nelly, la beldad abandonada.

Contado todo desde la óptica del preceptor, fácil y cómodamente, como escrita en los veinte cuando todavía se contrataban preceptores (aunque ahora también, yo mismo), con absoluta inocencia y sin necesidad de recurrir al comentario ni que pesasen todas las historia de detectives o de miedo ya escritas. Puesto a escribirla, en caso de que alguien intentara escribirla, ¿habría de rehuir la narración frontal, vehemente y directa que afirma el comentarista, o parece afirmar con toda su obra, que es imposible hoy día?

Escribiría, por ejemplo, que desconocía el origen de aquel dinero (¡el brillante en el jardín!). Imaginé varios pasados, el puño de tu padre entrando y saliendo de un estómago, un hombre volando hacía atrás doblado por la fuerza de los golpes. Me había dicho tu mamá, me había mentido, que ambos una pareja de científicos: «Vasily, mi esposo, es un científico.»

En el sentido, sonreí con medio carrillo, que se habla de un famoso ladrón de cajas fuertes y tiene un alias: «El profesor», porque suele llegar a los atracos, a las bóvedas de los bancos, la medianoche pasada, con una bata blanca sobre los hombros y un maletín de duro cuero en el que la cámara descubre no el estetoscopio del Herr Professor, sino las ganzúas y los guantes de hule de su oficio, aunque también un estetoscopio que aplica especioso al pecho de hierro (jamás aplicado a un pecho tísico), de una Mosler de diez combinaciones. En ese sentido, científico. La pareja de timadores que tras años de mucho actuar se han compenetrado a la perfección con su papel: el hombretón fuerte y su fina esposa, el abrigo de piel de armiño y las valijas de cantos guarnecidos con los que el héroe de una novela mala tropieza en la recepción del hotel; un detalle que el escritor jamás hubiera aportado, aunque tiene ese pasaje –¡en el libro está todo!– en el que el narrador cree haber descubierto a un ladrón, a un sospechoso, frente al casino que luego resulta el barón de Charlus.

Lo describe alarmado, minuciosamente: un ladrón, quiere alertar al dueño del hotel. Y luego no: el barón de Charlus.

Pero con tu papá y tu mamá estoy seguro de ello, nada de transformaciones: tenía ojos de ladrona tu mamá, largos brazos de ladrona, andares de ladrona; la manera como tu papá había llenado la mesita de controles infrarrojos era la manera con que un mafiosón, quizá un asesino a sueldo, acumula equipos de audio y televisores caros, y mueve su mano, sin mirar, por sobre los controles y levanta uno y aprieta a ver cuál prende. Y si sale música, bien, y si se prendía la pantalla enorme, bien también. Como un mafiosón de asueto. Su mujer, inexplicablemente una mujer delgada y bella, acariciándole el pelo sobre el brazo del sofá, sus dedos por entre el cabello de su esposo.

Como dos mafiosones.

6

Salí esa misma noche, Petia, y caminé toda la noche bajo los nubarrones plomizos de un cielo iluminado por relámpagos. Dejándome llevar por mis pies y por mi desesperación de no poder darme el descanso prometido junto a la piscina de tus padres, odiando y temiendo a mis empleadores, a tu mamá y a tu papá, preguntándome una y otra vez adónde había ido a parar y si debía ir a delatarlos a la oficina del FBI más cercana, como esos ciudadanos abyectos de algunos abyectos filmes norteamericanos que piensan que la delación, en cualquiera de sus formas, que un delator puede ayudar a su país, salvarlo de un peligro. Lamentando haber entrado con ellos, con aquellos rusos.

¡Cuidado!, debí decirme mientras caminaba hacia Marbella y en ella, hacia la noche marbellí, mucho cuidado con éstos. Comprendido todo el dinero que tenían y cuán peligrosos eran, de seguro. ¡El brillante! Yendo hacia la noche, y en la noche, todavía sin saberlo, hacia una discoteca que no imaginaba tan cerca, una construcción inmensa como un castillo o una Puerta de Ishtar.

Sin haber calculado entrar allí, Petia. Pero los haces de reclamo de un proyector que barrían el cielo sobre, pensé primero, un cine, aquella luz anunciando un filme y me detuve y vi entonces que el edificio de una disco, los sillares gigantescos de un castillo lindamente inflado, fuera de escala. Todo el color aplicado, toda la paleta, en las almenas, los contrafuertes, el falso puente levadizo. Una construcción ante la cual se habría alegrado el corazón de Bergotte, (en el libro) asimilado y aplicado en las inmensas paredes del edificio su descubrimiento del color, de que así, con *varias capas de color*. Aquel *amarillo denso* que descubre en Vermeer y al que se habían añadido otros, más de una sensibilidad Disney: verdes fosforescentes y rojos acrílicos, el magenta de la puerta custodiada por dos esclavos nubios, turgentes y musculosos como toros alados. Entendido: un descanso, un lugar —cuando hube entrado e inspeccionado su interior—, en el que dejar que todo aquel asunto de la piedra fuera acomodándose en el aire a medida que me moviera yo, dejándolo fluir libremente, sin pensar en sitio alguno o nicho para él.

Balanceándome con mil niveles de libertad, girando libremente en cualquier ángulo y capaz de alcanzar no ya los cuatro puntos cardinales: un desempeño de máquina medieval, sino de tocar cualquiera de los puntos de la esfera. Hacia atrás, hacia delante, haciendo paradas en estaciones marcadas sonoramente, su arribo, por la música al final del compás, el lugar preciso en el aire, en que mis hombros y mis caderas. Con la suavidad de un ingenio articulado sagazmente sobre rodamientos diminutos, girando sin descanso al son de aquella música, mi cabeza llevada a mil puntos por el mismo ondular del baile. Melodías que sabía bailar a la perfección, sobre las que podía impartir, Petia, clases, cátedra, extensamente, siendo un erudito en los secretos del baile, ducho en colocarme adelante y detrás con la soltura de un aprendizaje temprano.

O como la llama el escritor (referido a Saint-Loup), *la gimnasia elemental del hombre de mundo.*

7

¡Pero un triunfo y una verdad del comentarista, Petia! La sorpresa que me llevé en el centro de aquella esfera. Un pensamiento que me obligó a detenerme, mis brazos cayendo hacia mí como los volantes de una máquina de Watt. Y me acerqué atónito, con sólo comenzar a sonar el grupo de la noche, y los observé actuar, petrificado. Sin sospecharlo siquiera, que algo así. La manera que tenían aquellos cantantes, unos jóvenes negros, de moverse por el estrado, acercarse al borde y retirarse al fondo, como cansados, cansinos. Penetrado y anidado en sus almas el comentario, el espíritu del comentarista hablando por sus bocas.

Canciones que yo mismo había tarareado hacía algunos años, una tonada que aquel otoño, a principios de otoño, me había llenado de felicidad siempre que la oía cantada por un hombre (un inglés, un inglés joven), comentada ahora por aquellos músicos con el desdén y la vileza profunda del comentario. Estragados, viejos, como comentaristas los jóvenes negros. Yendo no hacia delante como esos cantantes que buscan transmitirle algo al público y saltan incluso, llenos de emoción. Hacia los lados, balanceándose sin salirse del plano, parapetados, incrédulos, sin nada que decir sobre ellos mismos, sobre sus vidas, pero sí, al parecer, sobre la canción que comentaban como salmodiando. Un pasaje que citaban primero al modo escolástico: autor, año de procedencia, lugar. Y que pasaban luego a comentar sin una pausa, palabras débilmente entonadas, en murmullos (o como murmullos). Habiendo perdido generacionalmente la habilidad y la fe en canciones nuevas, melodías que los obligaran a correr al borde del estrado, llevarse las manos al pecho, encendidamente. No, *cool*, ¿sabes?, los brazos caídos, mirando desde debajo de sus cejas, sus rostros vueltos hacia el piso.

Como si el comentarista mismo hubiera aguardado por mí a la salida de la disco para corporeizarse y decirme: «¿Ves? Yo tenía razón. Hasta estos músicos... Habiéndose, ¡entiéndelo!, acabado todas las historias, todas las combinaciones de notas, toda melodía original. Nada resta, sólo comentar, como lo han entendido esos muchachos de América.»

No me detuve ni un segundo en ello. Vi en todo lo ancho de la playa que no una verdad suya aquélla. Que quizá tan sólo y con ese único descargo el principio del comentario, con fines pedagógicos. Sólo así, y tan sólo así, importante. Mi carrera de preceptor, toda mi actividad pedagógica engranada sobre el comentario. ¿Y no era lógico? ¿En este caso? ¿U ocultártelo, fingir que tenía mejores cosas que decir, algo mejor que introducirte en este libro para todos los días, en la mina de sabiduría que es el libro?

Aunque sólo como método o procedimiento pedagógico, repito, el en sí execrable método del comentario. Porque puede que pienses: cierta inteligencia y cierto buen gusto en esto, en el comentario, en el comentarista. Los pedazos de texto que arrancaba humeantes de los libros y sobre los que hablaba con sutileza y en detalle de la rareza de aquellos libros y de la rareza de sus autores. Eso bien y eso a veces encomiable. Pero jamás abordado, como lo hice en lo adelante contigo, declarando abiertamente: sí, el comentario; sí, comentarios. Todo lo contrario: se cuidó siempre de aparecer como tal, como comentarista, y evitó citar o comentar texto alguno del escritor. Manteniéndose fiel a la costumbre medieval de no citar, sino por excepción, a los modernos, dijo.

8

La recepción que me brindó tu papá cuando hube franqueado el muro del jardín ya amaneciendo. Visible en la cocina como un monstruo gigante si se acercaba a las ventanas: un ojo que se asomaba fugazmente, agrandado por el cristal, disminuyendo acto seguido de tamaño, corriendo con rapidez de una punta a otra de la cocina como un cochecito de juguete (¿un *Hot wheels?* Un *Hot wheels)* aumentando y disminuyendo de tamaño, en pulsos, nerviosamente.

Orbitando en torno a mí, tu papá, lo mismo que un sistema binario, dos estrellas de diferente brillo o intensidad. Funcionando detrás de cada ojo, en diagonal, al sesgo, los hemisferios de hombres distintos, moviéndose en ángulo hacia mí, a adormecer mi cautela con el ojo que en ese momento le encomendaba mirar afuera, el derecho, el bueno. De un azul mejorado ese ojo, su lado científico, por así decirlo. Insondable bondad en su iris, capaz de desarmar a cualquier observador, a alguien que no viera cómo acto seguido bajaba el hombro y su cabeza transversalmente a quemarte con el parpadeo terrible de su ojo izquierdo, recibiendo órdenes y contrayéndose a las órdenes de su hemisferio malo, aquel ojo.

Buscando un quiebre de luz, una falla en mi yo luciente y claro. Inspeccionó todos sus rincones y nada halló que no fuera mis buenas intenciones, mi espesor cristalino, la excelente disposición, la preparación exquisita de lector del libro, alguien que mantenía en su mente ideas claras sobre el horror de la educación escolar y las incontables ventajas de la educación privada. Todo lo que mis labios habían hecho audible desde el primer día. Sin incongruencia alguna entre mi núcleo de bondad y la fenomenización o proyección externa de ese núcleo. Nada de cortinillas, tabiques odiosos, pantallas dispuestas arteramente y por las que resbalarían, confundidas, las miradas ajenas: nadie me había contratado para sacar al niño, a ti, Petia, ponerlo amordazado en mano de sus raptores, no era yo un enviado de la mafia local para espiarlos, abrir la puerta, permitir su entrada al recinto amurallado de la casa. Nada de eso halló en mi pecho, en mis brazos cruzados gallardamente al frente, ninguna culpa (el brillante robado era mío, ¡mío!, ¡yo lo había encontrado!) pesando sobre mis hombros y, por consiguiente, reduciendo mi talla ciclópea.

No: cuán grande era. Convincente. Lo convencí.

Pero habiendo llevado sus ojos a tan corta distancia de los míos me valí de ese momento para lanzar una sola mirada, un rayo azul, destellante, hacia el interior de su imagen de padre preocupado con el que busqué leer, de golpe y no palmo a palmo como lo hacía su ojo gemólogo o joyero o lo que fuera, quién era realmente, las imágenes de cuántos cadáveres habían quedado impresas en el fondo de su iris. Imposibilitado de leer nada por alguna barrera que los protegía, el fondo turbio y cenagoso de su vida. Y ya me retiraba sin haber logrado nada, noticia alguna sobre la procedencia de su fortuna, todo aquel dinero que se había metamorfoseado en su Mercedes 600, en los muebles italianos, en la porcelana china, la suma fabulosa en el fondo del arca: biplacitas plateados, yatecitos miniatura, avioncitos a escala, cuando me habló para mi sorpresa de la clase de física que quería que te diera. Introduciéndolo así: «Me contó Batyk que ya ha hablado contigo, ¿le darás algún día una clase de física al niño?» Obstinado en la farsa de él como físico y como cristalógrafo.

Me sorprendió, no supe qué decirle, balbuceé que sí, que pronto y quise puntualizar (me abstuve de hacerlo): que había hablado conmigo no, que lo había tirado, el libro, lo había lanzado y querido bailar sobre él. Y bueno, sí, algún día le daría esa clase. Con el libro se puede todo tipo de clases, en el libro está todo.

Buscando con aquel pedido absurdo y fuera de lugar, entendí, que olvidara su miedo, el pavor que me había dejado entrever, a un asesinato o lo que fuera que los obligaba a esconderse, a tu mamá y a tu papá, en el peor lugar para hacerlo, un sitio al que nunca debieron ir si temían un atraco, Petia, un asalto.

Por lo que nunca te habían dejado salir, en todos estos meses. Desde hacía seis meses allí y sin haber bajado nunca al mar, sin haberlo tocado, mojado tus manos en él. ¿No hice bien en ceder a mi impulso de llevarte de la mano al portón en el muro, a descorrer el pesado cerrojo, y salir de modo que el aire en la calle nos pegó de lleno en cuanto estuvimos afuera y nos dirigimos los dos, tú de mi mano, hacia abajo, hacia el mar?

A pasearnos en su orilla, sacar el libro, dejar que el aire agitase sus hojas, lo abriese en cualquier pasaje. Salir afuera, pensé, la pequeña incisión. Dejar que el aire de la costa entrara con un silbido, los pájaros reales del sur de España.

9

Fue un impulso hacia el mar, Petia. Me había ido moviendo todos estos años hacia el mar. Atraído irresistiblemente hacia el borde de la tierra desde lo más profundo de tu país, adonde me habían llevado mis piernas en lo más temprano de mi vida a encerrarme entre kilómetros y kilómetros de tierra, sin ningún

40

mar. Aprendí a querer los ríos que jamás había conocido, y a veces, asomado a la ventanilla de un tren, un frente de pinos verdiazules en lontananza, regular y tupido, me dejaba sin habla ¡porque parecía un mar! Una profunda nostalgia por los años pasados junto al mar, tardes en que sentía que no volvería a tener todo el mar, ¿sabes?, todo el mar para mí. Y comencé, sin plena conciencia de lo que hacía, a moverme lentamente como una placa tectónica que migra. Hacia España, pensé, y una vez en ella, hacia el mar. Terminar con todos los movimientos en falso, los pinos verdiazules, las señales y los sueños con agua en los que a veces me veo al borde de un inmenso lago. Y me acerco maravillado al agua ondulante, una reproducción primitiva, una construcción mental, moviéndose espesamente. Lo mismo que un hombre en Solaris, un terrestre, que no deja un día de soñar con la Tierra.

Y a veces, en plena noche, quería levantarme, tomar el tren, un avión, caminar con mi hatillo al hombro, gastar mis suelas, comer frío en cantinas, dormir a la intemperie, enamorarme de la muchacha de la oficina de correos, amanecer un día con pájaros sobrevolando mi cabeza. También ellos yendo hacia el sur. Yo hacia el mar.

¿Qué no hubiera hecho para colocarme en tu casa, entrar a ella como un joven tutor en el XIX, que ama a la dueña (no a tu mamá, al mar) y se coloca allí para tener ocasión de verla todos los días? Leí aquel anuncio. Mentí en mi respuesta y me atribuí conocimientos pedagógicos que no tengo. Todo por vivir junto al mar, pasar un verano, dejar que el mar de la ventana desplazara en una sola noche al mar plúmbeo del sueño.

Le pregunté a Batyk si la casa tenía mar o vista al mar. No me moveré, me había dicho, hasta que alguien no me traiga noticias ciertas del mar. Lo interrogué en detalle sobre este punto. El anuncio rezaba: «Se busca joven conocedor de la lengua como preceptor de un niño, tutor privado, en la Costa del Sol.» Un recuadro en ruso que apareció en *El Sol de Málaga* (existe ese periódico, se llama justo así: *El Sol del Málaga).* Llamé y no debí esperar más de dos días: Batyk me habló para que concertáramos la entrevista. ¿Cuándo o qué día podía pasar a verme? Que resultó ser uno soleado, una tarde que me dejó caminar descalzo por las baldosas del pequeño departamento o piso que alquilaba. Un horror de ciudad, un horror de vista: un círculo en redondo de cerros calvos, tramos sin verde que anotaba y maldecía amargamente.

Me sorprendí cuando abrí la puerta y dejé entrar, dando un paso atrás, a un hombre de aspecto ¿ruso? Y no: un hombre de aire y aspecto totalmente buriato. Alguien en quien descubrí con absoluta facilidad y presteza a un buriato. Se lo dije, y tanta fue su sorpresa que casi se retira al acto. Como descubierto en lo profundo de un disfraz. Aquí dudó en contratarme, a una persona con un conocimiento tan diferenciado de tu país, pero algo en mí, la franqueza y bondad que irradiaban mis ojos, la exquisita fluidez de mis modales, lo hizo reconsiderar su decisión, cambiar de idea. Mis obligaciones serían darle clases a un niño de once años. Materias elementales: español, geografía, física en español. ¿Cómo imaginar que se convertirían estas clases en lo grandiosas que son ahora, Petia? ¿Grandiosas, no es cierto? ¿O miento?

¿Cuál era mi profesión, inquirió, cuáles habían sido mis estudios? Le mentí, como te recomiendo que hagas, siempre, en situación semejante. Sabría enseñar a un niño de once años, prepararlo para que entrase en la escuela pasado seis meses. No le dije o evité decirle que un niño no necesitaba clases de español, que podía aprenderlo en pocas semanas repitiendo obscenidades, jurando torpemente en el patio de un colegio. ¿Qué necesidad de un profesor particular, de un preceptor que, además, no le diría o evitaría enseñarle obscenidades? Por los años, ya no tan joven, porque... En fin. Fue así, Petia.

10

O dicho de otra forma: no hay punto o porción de la experiencia humana que no haya tocado el escritor, que no se halle reflejado en el libro de la manera más completa, clara, fácil de entender, humanamente comprensible y con sobrecogedora belleza. Pasajes que no necesitan ser comentados porque avasallan el alma con su prístina fuerza, Petia. Los motivos que puede tener un joven para quedarse en una casa como la de tus padres, tras aquel primer mes, pude hallar una explicación y una causa o motivo convincente en el encuentro que tuve con tu mamá el lunes al mediodía cuando ya la había visto y entendido como a una mujer de arrebatadora belleza y la vi entrar a la sala aquella mañana, su rostro iluminado por las piedras de un collar. Vestida como para salir, aunque no lo hiciera nunca y por eso doblemente extrañado, intentando descifrar adónde así, preciosamente ataviada y con aquel hilo de piedras en el cuello. Una sarta, en este caso, de diamantes inmensos, grandes como huevos de paloma, tallados en redondo (en cabujón, me comentaría y me aclararía luego tu mamá), toda la luz de la mañana entrando en ellos.

¡En el libro está todo!

Paralizado, sin apartar la vista del lugar al que la iban colocando sus piernas, hasta que alguien —Batyk, estoy seguro— la hizo regresar al cuarto, quitarse aquel collar.

Sin que atinara yo a dar un paso, o mejor, regresar al suelo, mis pies a un palmo de la alfombra, cayendo y regresando lentamente a ella sin salir de mi asombro. Bueno, ya lo había notado, sabía que fabulosamente ricos, pero ¡aquel collar!... Diamantes, sin sombra de duda. Porque si alguna vez te has detenido, si has visto un diamante antes, no lo podrás tomar por otra cosa, Petia. Como mismo me basta leer una página del escritor, tan sólo un párrafo, ¡cómo brilla y cómo refulge! No inclinado a decir como sé que ciertas personas dirían, no se privarían del placer de decir torpemente: ¿y qué? ¿Diamantes? ¿Para qué quiero yo diamantes? ¿Por qué pagaría yo por un diamante si lo mismo, ¿sabes?, con un cristal cortado? Mejor preparado yo, un lector del libro.

Terrible aquel collar. ¿Cuánto valía aquel collar? Toda una fortuna. El diamante rosa, una fortuna, el diamante azul, dos fortunas, el rojo, tres fortunas. Y así. Sin rey en la lejana India capaz de juntar los celemines de trigo necesarios para cubrir en progresión geométrica las casillas del tablero. Indescifrable la suma que se habrían levantado y muy explicable su miedo. Pavoroso, Petia, aquel collar, otro nivel de complejidad que no imaginaba y que no me habían adelantado ni el azul del cielo ni el blanco liliáceo de las nubes. La gracia con que comenzó a usarlo a partir de ese día, el donaire con que bajaba a desayunar con él puesto, perturbadoramente. Y lo que nadaba luego en la piscina. Siguiendo yo su avance con la atención de un vigía que observa las luces de navegación, rojas y azules, de un submarino en las aguas de un estuario.

TERCER COMENTARIO

1

Seguí leyéndote: *...no solía cenar en el hotel, cuyo comedor, inundado de luz eléctrica que manaba a chorros de los focos, se convertía en un inmenso y maravilloso acuario; y los obreros, los pescadores y las familias de la clase media de Balbec se pegaban a las vidrieras, invisibles en la oscuridad de afuera, para contemplar cómo se mecía en oleadas de oro la vida lujosa de una gente tan extraordinaria para los pobres como la de peces y moluscos...*

Pero me interrumpiste, Petia, me preguntaste: ¿pero cuál es el tema? ¿El tema de todo el libro?

—Jamás he pensado en ello... —debí confesarte.

Jamás había pensado en ello. Dejé de mirar por la ventana, me volteé. ¿De qué trata el libro? Jamás lo había pensado, ¿querrás creerme? Lo he leído miles de veces, he entrado a sus páginas por cualquier punto, como un niño que aprende a entrar por sus ventanas, familiarmente. Pero una vez dentro jamás me he hecho la pregunta que acabas de hacerme. Me has obligado a detenerme sin una idea clara sobre qué halló necesario escribir, algo que pudiera enunciarlo así: el tema es. Pero ahora que me lo preguntas puedo decirte que lo sé: es el dinero. El libro trata única y exclusivamente del dinero. Porque cuando el escritor se coloca como preceptor de los hijos de Ramonianus y pasan las semanas y no le pagan, se acerca a la ventana y se hace una única pregunta: ¿no deberían ser fabulosamente ricos? ¿No debían tener dinero en maletincitos de piel, oculto en bóvedas, el oro brillando en sus anaqueles, transmitiendo aquel dinero una sensación de calma y seguridad?

Siendo capaz el escritor de abordarlo con toda franqueza, todo un capítulo dedicado a este tema, porque ¿no figura el dinero en el centro de toda experiencia? ¿No necesitamos dinero para casi todo?

Lo que se demora y habla con exquisita delicadeza de su benéfica influencia, la detallada descripción del anillo de rubíes que la abuela del narrador le deja al morir. Y aquel anillo, un anillo constelado: si con la piedra hacia abajo, menguaba el flujo de dinero, si hacia arriba, entrando a espuertas. Doblones de oro, florines antiguos con que le compra un avión a Albertina, un simpático monoplaza de alas embreadas y del que se sirve, el escritor, para introducir las partes del vuelo en el libro.

Le encantaba volar a Albertina, a quien nunca mantuvo prisionera ni junto a sí en contra de su voluntad, como ha pretendido tanto comentarista y tanto biógrafo miope. Es fácil ver que si eso cierto jamás le habría regalado ese aeroplano con el que hubiera podido escapar, volar literalmente del cuarto y al que siempre volvía sin embargo, en el que la esperaba el escritor ávido de sus historias, de los animales que veía pastar desde el aire, y salir en estampida al rugido del avión. Los fondos secos de los lagos, la escritura cuneiforme de los gnus impresa en ellos. Cómo se sentía, dice en esas páginas llenas de un lirismo único, tanto como el simpático conde Ferdinand de Zeppelín surcando el océano del aire o como la baronesa Blixen, elevada a las alturas, transportada por un genio de *Las mil y una noches* a los lejanos eriales de África y de vuelta, esa misma tarde, al aeropuerto de Buc, en las afueras de París. Aunque es en ese avión que cae al mar donde encuentra la muerte, ahogada, Albertina.

No deja de llorarla el escritor, de recordar las veces que la acompañó al verde prado del aeródromo, luciendo ella su gorro de esquiadora y sus gafas de automovilista, atenta al círculo argentado de la hélice, a los focos de las estrellas hacia las cuales volaba, inclinada sobre la borda, dejando entrar por sus ojos color miel, como cuarzos insondables, el verde de los bosques, el azul del mar, el rojo del sol sobre el horizonte. La belleza de aquel pasaje llenándome el corazón, seguro de que saldría de allí vencido el plazo con todo el dinero que me había prometido. ¿O me engañaba?

¿O me engañaba y no había caído en la casa que imaginaba?

2

¿O cómo pensar en Nelly como en una gran dama? ¿Verla con los ojos con que el escritor, en el tercer libro, ve a su vecina? ¿Una gran dama como la princesa de Laumes? Y sí, inclinado por momentos a creerle. A pesar de la vulgaridad de la casa, de la turbiedad que imaginé en ella y que los insufribles muebles me inducían a pensar. Una mujer sobre la que podía colocar la elegancia natural de los Guermantes. Donde el escritor dice: *bajo una capota malva* un día, bajo una *toca azul marino* a la mañana siguiente. Y en todo este pasaje: *Una de las mañanas de Cuaresma... me la encontré con un traje de terciopelo rojo claro, ligeramente escotado en el cuello.*

Sola, su marido vuelto a ir.

La manera con que dejaba clavada la mirada, en el mantel, inclinada la vista o cayendo en ángulo como un haz de luz. Y en el interior de aquel haz las figuritas de falsos antepasados ricos que jamás había tenido. Obsesionada con la idea de que habían sido nobles en algún punto, había Vasily Guennadóvich (tu papá) crecido en una familia de nobles, expropiados, esquilmados y escarnecidos por el año 17 y por los años 18 y 19 y 20. Robadas las fábricas que —mentía— habían tenido en Finlandia.

Al punto que le dije la primera vez en la cocina: deberías escribir, viajar a Tampere, buscar esos papeles.

Y se sonrió y me miró dos veces.

Yo habiendo sido buscado o contratado, terminé por entender, como una pieza más de aquel engaño, que les permitiría decir: «Un preceptor para Petia, como lo tuvo Guennadi Nicoláevich, el abuelo de Vasily. Con una preparación, ¿sabes?, un conocimiento al que nunca tendría acceso el niño en una escuela de ésas, cárceles o granjas para niños, en realidad. Aunque este que hemos contratado loco o con el seso sorbido por ese escritor del que no deja de hablar —y me miró sonriente cuando pensó eso—, pero bueno y generoso, en quien hemos confiado desde el primer momento.»

Con esa facilidad para la tercera persona tan natural en las mujeres inteligentes y de la que se servía para rebajar su obsesión por el tema de la nobleza, hablando de sí misma como alguien más irónico, más observador, sus palmas contra la pared y aprisionadas bajo su cuerpo (setenta por ciento de grasa corporal allí), lo mismo que una muchacha de visita en una casa ajena.

—Un poco ella, lo confieso, obsesionada con este asunto de la nobleza. Que a veces querría volar, escapar de aquí. A quien le encantaría pagarte con largueza, agradecerte todo lo que haces por su hijo... ¿No usas anillo?

—Me gustaría, ¿sabes? —Bajé mi cabeza hacia su mano. Admirable, de una piedra azul muy alzada sobre el dedo, como una dura flor de piedra.

Y nada le dije de su collar, fingí que no usaba el collar más fabuloso que había visto en mi vida. Sin dejar de mirarlo, atraído poderosamente por aquel collar, fascinado y detenido frente a ella, adelantado sobre el cuello, con los pies fijos al piso, embebido de toda la luz que irradiaba su collar. Increíblemente hermoso en su pecho. Obsesionado con aquel collar, al extremo que había buscado en las revistas de moda que tenían por toda la casa como instructivos o manuales sobre la vida en Occidente el pecho enjoyado de alguna modelo, una española o una griega, muy marcada la piel sobre sus clavículas, tensos los tendones del cuello, del cual pendiera una joya así, de igual tamaño. Ni una, nunca. Los más, los mejores –fácilmente visible por el diseño y los colores muy vivos– cristales cortados.

No hallé qué decirle, le dije:

–Y sí, Nelly, es algo que he pensado. Superar los objetivos de una educación principesca, ignorarlos más bien. ¿Qué sentido aprender una lengua extranjera si en aquel otro mundo o universo terminarías yendo a morir al imán del libro? Centrarme mejor en él, que es el mismo en todas las lenguas, capaz de soportar, como aviesamente lo afirma el comentarista aunque sin referirse, claro está, al libro, el fuego de las traducciones. Construido el libro sobre la robustez de una lengua universal, un habla primigenia. Todos los matices, todas las distinciones, todas las sutilezas en ella. Una teoría del todo, Nelly, y un libro para todos los días. No quiero ni he querido mejor educación para mí...

–*Solntse* –me interrumpió. Fue hasta la ventana, colocó sus manos en el marco como un pájaro que se posara a esperar, oteando desde allí, al marido que no venía–. ¿No te gustaría dar un paseo?

Y se volteó hacia mí.

Su cara.

Habiéndose alejado el hacedor de aquella cara, a las veinte semanas de gestación, a estudiar dónde colocar en aquel rostro la breve elevación de los pómulos, el marco almendrado de sus ojos. Rotado un segundo de arco hacia abajo, en la comisura interna, un segundo de arco hacia arriba, en la externa, como alas. Temiendo mirarla de frente, la peligrosa fascinación que en mi infancia ejercían sobre mí los arcos voltaicos. Y no podía evitar lanzar una mirada al punto blanco, la llamada del acetileno volando hacia mí, el núcleo de la estrella creciendo esferoidalmente. En el centro de aquella esfera por el que pasaban volando pájaros, ángeles en bandadas.

Su cuello.

Las piedras en su cuello.

—¿Un paseo? ¡Con mil amores!

3

Imaginé, Petia, que iríamos a sacar algún dinero, que se trataba, al fin, de algo relacionado con mi paga. Avanzando feliz por el Paseo Marítimo. Sin un monóculo, es verdad, que saltara rebotando sobre mi pecho. Un monóculo que de manera tan clara como en el escritor hablara de la felicidad que me embargaba, de la suavidad y pureza de la mañana. Los hoteles en la playa, los yates con sus oriflamas de colores, los toldos listados en blanco y azul de los clubes, todo el dinero que se respiraba, que perfumaba el aire de aquella ciudad junto al mar.

Pero imagina este cuadro, Petia: un caballero y a su lado una dama y un enano. Cuadro bien distinto al que había pintado mi imaginación y que puede ser leído, o glosado, con este solo significado: el enano era Batyk que se había obstinado en acompañarnos y al que llamo enano en el sentido literal de enano físico no enano moral. Nunca en la interpretación alegórica a la que alude con profunda hipocresía y para justificar su impostura el comentarista: sobre los recién llegados que por pequeños que sean, como enanos, pueden ver más lejos retrepados en los hombros de los gigantes del pasado.

Lo mismo Batyk, sobre mis hombros, aunque más correcto sería decir sobre los hombros del escritor, sintiéndolo caminar por mis espaldas, atendiendo a cosas que veía, desde esa altura, sin entender nada. Como cuando, desconcertado yo porque tu madre hubiera entrado a una joyería, sin saber con qué propósito se había detenido primero frente al escaparate de la tienda

50

(el nombre del joyero en semicírculo sobre el vidrio), observado algunas joyas allí expuestas y entrado luego a estudiarlas en detalle... Y al ver que permaneceríamos allí un buen rato, me detuve junto a la puerta sobre una franja de sol en el piso, aquel color amarillo al que el escritor dedica en el libro tan bellas palabras, pero que ahora, con el fin de molestar y confundir a Batyk, utilicé para lanzarle una odiosa explicación sobre Ferragamo, sobre cómo ese color, mezclado con un lindo azul, serviría exactamente para unos Ferragamo, que era lo que debíamos ver, no joyas, Nelly (sentí a Batyk inclinarse sobre mi hombro, estirando el cuello, ¿qué zapatos?, ¿cuáles zapatos?, inclinándome más yo para hacerlo caer por la pendiente de mi falso interés, inexplicable en mí, por la moda, como si un asunto de tan poca monta como unos zapatos pudieran ocupar mi mente, desviar un segundo mi pensamiento de qué habíamos entrado a hacer en aquella tienda).

El precioso vestido rojo de muselina en capas que se había puesto tu mamá ese día y se llevó con la mano al muslo, atrás, para observar mejor una piedra color rosa. Levantó la vista luego, me hizo mirarla por debajo del codo de un cliente, un brillante, muchas facetitas por donde entrar la luz y no encontrar durante un tiempo, dos, por cuál salir, subir a mis ojos, maravillados. Me volteé a los de ella sin saber qué debía ver, como a una maestra de botánica en una excursión para el herbolario que se adelanta y ya te espera bajo un árbol. Llegas a ella sin aliento, quieres decirle algo sobre el día, sobre la vista del lugar, pero te tapa los labios y te pregunta con los ojos:

—¿Lo has entendido?

Sí, Nelly, piedras, diamantes cortados en gota, en marquesa, en estrella. No los quiero, sin dinero para ello. O bien (me incorporé de pronto, volví a buscar sus ojos), o bien: «Entrega la piedra, *motherfucker*, entrega la piedra antes de que mi marido regrese y te haga hablar. Sé que la tienes. De nada te vale fingir...» Y vi en el rojo de aquella piedra, en su interior lleno de sangre, la manera fácil con que Batyk aplastaría mi cabeza contra el mostrador, sus dedos aferrados a mi nuca, con fuerza contra el vidrio blindado. De modo que gritaría el tendero, no por el vidrio que no se rompería (a prueba de balas). Su indignación y su enfado saliendo a flote en ese momento de peligro en coreano o en tamil. En el sentido de: salgan de aquí, cochinos rusos, a matarse afuera.

La entregaría. Correría de vuelta a la casa, volaría escaleras arriba, la sacaría de debajo del colchón. Aquí, Nelly, sin quererlo, ¿sabes? Sin la menor intención de quedármela, o bien con la idea de devolverla. Lo había pensado...

Entendiendo fácilmente, en ese momento, mi error, el error de haber querido robar a la mafia.

—No es cierto, mi mamá no es una mafiosa.

—No, es cierto, espera. —Lo lamenté todo allí, en ese instante, lleno de miedo, entrando a zonas frías llenas de miedo y saliendo a zonas cálidas llenas de miedo: haberme colocado como preceptor de un niño díscolo como tú, Petia; haberme fijado en la mujer de un mafioso, hablado del espacio alabeado con tu padre. Todo eso frente al mostrador, sin atinar a abrir los ojos, a mirarla y sin que pudiera ver que ya se había movido hacia el fondo de la tienda sin nada de aquello en mente, que no habían echado de menos la piedra. Tantos diamantes robados, uno caído, ¿qué más da?

¿Habría, me pregunté inmediatamente —¡qué horror, Petia, qué horror!—, habría más diamantes de ésos en el rellano de la escalera, entre el forro de los divanes, bajo la alfombra de la sala?

4

Debo ampliar el largo del comentario anterior: no hice más que llegar al cuarto y acostarme sin retirar el cobertor, los pies en diagonal, temblando todavía, cuando escuché que había puesto música y bajé el libro y presté oído.

Las columnas plateadas del estéreo llenando el aire con una melodía que me hizo pensar en el escritor, en la brisa y el rielar del agua, que es justamente de lo que trata el libro: de los días que descubres asomado a la ventana, sin un salto entre la visión del mar lamiendo la costa, los cipreses en lontananza, y tu mamá, su alma, la manera que tuvo de mirarme agradecida, y cómo me apretó la mano al regresar a la casa, feliz por haber salido. Como si estuviese yo, mi pecho, cubierto de placas metálicas contra las cuales rebotarían los disparos. O que el libro, interpuesto entre mi corazón y el cañón del fusil, detendría milagrosamente la bala, incrustada en sus páginas, en una línea, en ésta: *se puede ser conde o no serlo, eso no tiene ninguna importancia,* según expone y argumenta sin que le falte razón Mme. de Villeparisi.

Como no dejó, por todo el camino de ida y mientras íbamos de tienda en tienda, de hablar, nerviosa, sobre la mafia, de los muchos mafiosos rusos que se habían refugiado allí, pululaban por toda la costa. Sin que dejara de mirarla yo maravillado: «¡Pero si ustedes son la mafia, maja! ¿Qué cuento es ése? ¡Pero si ustedes son la mafia!» Y las veces que pasábamos, le mostraba con los ojos el bicornio laqueado de la Guardia Civil. «Mira ahí», quería decirle, no yo. «¿Por qué has esperado por mí para salir?»

Asomado a las páginas del libro sin leer o leyendo en blanco, pasando páginas sin dejar entrar nada del libro, cosa rara en el escritor, que te agarra siempre, como de *velcro* sus páginas y felpa tus ojos. Intentando descifrar, bajando la vista de golpe a clavarlo en la explicación, en el libro primero, sobre aquel miedo de ellos. Pero se apareció en mi cuarto, tocó tu mamá el marco de mi puerta: «Toc, toc.»

—Te tengo un regalo para ti —me dijo—. Aunque no es un regalo, es tu sueldo.

Se acercó.

—¿No te gusta bailar? Deberías bailar de alegría. Es más de

lo que te debíamos, pero he querido premiarte por lo bueno que eres con el niño. Es por eso que hemos ido a ver los diamantes. Quería ver cuánto.

Dejó el centro de la habitación, caminó hacia mí sin sacar la mano del bolsillo. Segura del efecto que tendría (como, en efecto, lo tuvo) dejar caer sobre mi palma, rodando desde la suya, dando ligeros tumbos, una piedra, un diamante en bruto, una gema sin cortar. Del tamaño de un guisante. Más grande aún. Del tamaño de un guisante grande.

No atiné a pronunciar palabra o dije, tontamente, sin venir al caso: «¡Ah, sí!» y pensé: ¿pero cómo sabe que me gusta bailar? ¿Tanto?

Y acto seguido:

¡Mi sueldo! ¡Por fin! Pero materializado en un diamante de pequeñas dimensiones (un quilate, tres quilates, no de pequeñas dimensiones). La cápsula o esfera de cristal en la que me vi lanzándome al agua de un muelle, más joven y delgado de lo que era entonces (y de lo que soy ahora), en unos shorts hawaianos... La seda amarilla de su kimono, los pájaros y la vegetación bordada. Sin el menor fruncimiento sus ramas, lisa y exquisitamente puestas sobre la manga que se alargó siguiendo al brazo. Sin atinar a levantar la vista, decirle (que era lo que debía decirle): ¡pero, Nelly!, ¡es una fortuna, es mucho dinero! Pensé y le fui a decir o, ya incapaz de pensar rectamente, imaginé besarle la mano, pero quedé con la vista en la piedra, buscando en ellas las palabras y la explicación para tanta generosidad y munificencia.

Entrando también en mí, sin haberlo buscado en mi interior, la noción que se parecía como dos gotas de agua a la piedra que había encontrado en la hierba. Me impidió levantar la vista, aquel diamante, volví a lanzarle una mirada asustada, fui a alzar los ojos, pero Nelly se había ido. Divertida o molesta: por mi sorpresa o por mi aparente ingratitud. No sé.

¿Te han regalado nunca, Petia, un diamante azul? ¿Sacado o salido del kimono de una mujer, la seda rodándole sin detenerse por sobre su piel? Ya no pensando más en ella como en la esposa abandonada del mafioso (ella misma una mafiosa, pssst, ¡silencio!), una mujer a la que podía seducir, sus muñecas, hacerla dar un paso, dos, hacia mí, trastabillando, sentado yo en la cama, adelantándose bruscamente los faldones de su bata hacia mis ojos. Rodearla con mis brazos, dejarlos descansar en su talle, aspirando el almizcle dulce de su cuerpo. Aun siendo una ladrona, ¿qué importa? Aun siendo una asesina, ¿qué importa? ¿Cuántas mujeres que miramos embelesados en una calle, sus piernas que miramos embelesados, son las piernas de una asesina, de una ladrona, imposible de adivinar en el dibujo del tobillo, en la curva del empeine?

¿Has encontrado nunca, Petia, un diamante azul? Más semejantes sobre la palma de mi mano, que la inspección preliminar o mi cotejamiento mental me habían hecho ver, temiendo ahora, en el momento en que lo palpé en mi bolsillo, a la piedra anterior y la saqué, estar siendo espiado por conductos de fibra óptica: todo era posible en una casa así. Que percutiera Batyk con la uña en la pantalla en el lugar de mi rostro y llamara a gritos a Nelly: ¡mirad!, le diría, ¿no son esas dos piedras? ¿No es idéntica a la que acabáis de darle en pago? ¿De dónde, etc.? Cortaría sus reflexiones y se lanzaría de un salto escaleras arriba, su pecho lleno de odio, a pegarme.

Apagué la lámpara en un solo movimiento, con la agilidad de un ladrón en un cuarto de hotel. Entonces, Petia, mientras se iba o se retiraba lentamente la luz del foco halógeno, las piedras comenzaron a brillar enloquecedoramente, fosforesciendo como los dos últimos puntos de soldadura que un hombre gigantesco hubiera aplicado en mi pecho, con lo que terminó de cerrarse al vacío aquella cápsula, se aseguró el hombre de que había quedado encerrado en ella, me vio alzar los ojos dentro, desconcertado, se frotó las manos satisfecho, dio un paso y se largó.

<h2 style="text-align:center">6</h2>

Fosforesciendo y brillando aquellas piedras sobre mi palma queriéndome decir algo, brumosamente. ¡Que había sido espiado! Lo entendí en ese instante, ¡que había sido espiado! Sin haberme acercado a ese recuerdo hasta el momento en que apagué la luz y recordé aquellos ojos brillando como carbunclos en el fondo de la cueva de un rostro. En la discoteca, al final de la discoteca, ya haciéndose de día o siendo casi de día afuera, pero oscuro todavía en sus pasillos. Y en la oscuridad, adentro, alguien me había estado espiando junto a la pared, observándome bailar, entregado a la sucia —e insana en mí— diversión de bailar. Desde el momento en que entraba a la pista hasta que salía por el pasillo al parking y el sol me pegaba en el rostro.

Y esos ojos, que hasta ahora no recordaba haber visto, que había enterrado entre otras impresiones, afloraron en ese instante o salieron a la luz sacados por el brillo enloquecedor de las piedras en mi mano.

La angustia, ahora, de haber sido espiado, el desasosiego de haber visto, mientras giraba, unos ojos brillantes en el fondo de la disco, que entendí al momento: fijos en mí. Como esos ojos terribles en el escritor, que descubre brillando en un zaguán en Petersburgo, y entiende que lo espían, por el haz que sale, cuando vuelve la cabeza y los ve apagarse en un segundo. Escondido allí aquel hombre, cuchillo en mano, para matarme. Y, en el escritor, debía yo detenerme como un idiota o con la magnanimidad de un Príncipe, buscarlo en la oscuridad, hacer que mis ojos llenos de bondad alumbraran los suyos, fríos e inhumanos. Llamarlo, decirle: «No me espíes, Batyk (porque era él), no me espíes. Nada aquí que puedas transmitir a Nelly o a Vasily, algo de lo que deba avergonzarme.» Aunque regresara a casa con un mucho miedo en el corazón, la angustia tremenda por haber bailado así, incapaz de detenerme, pensar: ¿para qué bailar? ¿Con qué objetivo? Bailando siempre como un poseso hasta la última canción, comentada o sin comentar. ¡Dios! Si tenía una casa, un trabajo, mi pupilo esperándome. Si podían aprovechar, las gentes que me espiaban (no Batyk) y que tanto ellos temían, mi llegada tarde a la casa, que abriera la puerta para irrumpir en el jardín con violencia. No Batyk, repito: los mafiosos rusos que tanto temían y de quienes no dejaban de hablar. Esperando toda la madrugada, afuera para entrar a la casa.

Pero no: había sido él, Batyk.

Si no, de dónde aquel comentario, que me hizo detenerme de golpe, preguntarme ¿cómo sabe que bailo? ¿Frenéticamente? (eso había querido decir, tu mamá). ¿Cómo lo sabe?

7

Y luego, dos días después, de vuelta a la ciudad. Tu mamá y yo cogidos del brazo, alejándonos cada vez más de la pequeña bahía a encontrar un lugar donde no pudieran vernos, pensé esperanzado. Y cómo, al final de aquel paseo largo, nos sentamos en la punta de un espigón, sobre unos bancos, y se sacó ella sus mocasines rojos y levantó los pies de manera que sus pantorrillas refluyeron tras un segundo de ingravidez, con una pesadez que me llegó al alma. Y comprendí que la quería, desesperadamente, o lleno de ternura hacia ella.

En aquel muelle, muy avanzado sobre el agua, sin dejar de mirar hacia la punta del paseo, por si venía Batyk, por si nos había seguido, imaginé, pero ahora comprendo que sopesando si dejarme entrar en el secreto. El agua bombeando con fuerza bajo nosotros con el rugido del motor de un barco a punto de desatracar, las primeras vueltas de la hélice. Mirándome ella todo el tiempo que el muelle fingió falsamente ponerse en marcha, toda la fuerza del agua, resbalando por los pilotes hacia abajo, gastándose en vano, calculando Nelly si meterme en esto o no. Si zarparía tan sólo ella, me diría poniéndome la mano en el pecho, mirándome a los ojos: «Quédate, regresaré en dos semanas, te llamaré.» O bien, en cambio: «Sube, ¿qué harás solo aquí? Terminarás por aburrirte.» Separados por el filo de agua abajo, entre los tablones, el sol en el cielo. Franjas de agua entre las tablas del piso y en su pecho. Dudando ella.

Lo vi, por un momento, temí que hablara. Le dije, le hablé de lo que me habían pagado:

—No sabes cuánto lo agradezco... Necesitaré o hubiera preferido dinero en efectivo, pero ¡no!, Nelly, miento ¿cómo decírtelo? Es más de lo que me debían, mucho más...

—Vamos —me interrumpió.

Veríamos más joyas, pensé en ese momento. Me daría unas lecciones sobre cómo gastar aquel dinero, la fortuna que era sin duda ¡un diamante! Todo pasando por debajo del agua, fluyendo por entre las tablas. La niebla de bañistas que fingían fumar en las terrazas, encender un cigarrillo refugiados del viento en un pasillo entre dos tiendas, el estrecho pasaje con sus entradas de servicio y un hombre con un arma, visible por un segundo, antes de bucear en la niebla a dispararnos desde allí, a resguardo.

Abandonando la orilla a toda prisa, subiendo a un tramo elevado de la costa.

8

Como asistentes de un director que buscan en lo alto de un peñasco la locación donde poner, contra el cielo, una escena de complicidad y amor. La manera que tuvo de darme la mano sin mirarme, colocando o clavando sus mocasines en la hierba, marcándose a cada paso sus pantorrillas. Sin voltearse hacia mí cuando estuvimos arriba y vimos los dos, educados en los mismos pintores antiguos (o primarios), vieron nuestros ojos, sintieron mis piernas por el aire que se colaba por las perneras de mi pantalón y agitaba su falda, que habíamos llegado.

Imaginé por un momento que le hablaría todavía de mi odio hacia el español, hacia aquel pintor («el más grande de los modernos», un comentarista, en suma), que me escucharía sin decir palabra, para de pronto volverse a presentarme sus labios, girando rápidamente, pivoteando sobre el eje de su cuello, lanzando chispas, adiamantados por el sol, sus ojos.

Pero fue esto lo que hizo: elevó su brazo y alargó la mano de modo que me llegó a los ojos una banda de luz clara que barrió el prado a su derecha, colocando aquella luz, con vertiginosa habilidad o invisible diligencia: azul, oro del sol retardado, verde de los tallos y violeta de las flores que parecieron aumentar de tamaño cuando el haz las hubo barrido.

Y se acercaron y giraron frente a mí, apareciendo y ocultándose detrás de las aspas de aquel sol simplificado como el sol de un póster, sus haces cortando el aire en redondo, apareciendo y desapareciendo sus labios detrás de ellos. Rosa pálido, fuera del haz, rojos y brillantes dentro de él.

Porque el gesto de extender su dedo había combado el aire en torno a ella, y a medida que fue rodeándola aquella lupa de aire, comenzó a brillar con mayor fuerza la piedra azul en su dedo. Sólo debí inclinarme más, analizar su composición química (carbono, anillos de carbono) y, ya tan cerca, extrañarme, por enésima vez, de su inusual tamaño y la desproporción entre el tamaño de aquella piedra, de los cabujones en su collar, y las piedras más triviales de Silvia de Suecia o de Margarita de Holanda.

Y por el borde de aquella lupa de aire entraron las palabras de una larga explicación que leí arrobado, sin poder apartar los ojos un segundo de su superficie, distorsionándose las palabras en los bordes, antes de desaparecer y sin que debiera yo o necesitara releerlos porque no se me escapaba su sentido. No un pasaje a comentar, el cual sondear, explorar para extraer de él algún mensaje oculto. Todo expuesto y dicho con la mayor claridad, palabras en oro contra el fondo celeste. Sin haber podido, sin haber jamás imaginado algo así, ni un atisbo todo ese tiempo.

Y cuando dejaron de salir las palabras sobre el tamaño insólito de los diamantes, sobre su inusual coloración y, por consiguiente, sobre el dinero y sobre el lujo asiático por toda la casa, se desvaneció la lupa de aire, y alcé los ojos y los clavé en los de ella, deteniéndome un segundo allí, lanzándole una mirada de asombro. Entrando todavía más aire a mi pecho, cuando asintió con la cabeza varias veces, procurando no soltar mi mirada para transmitir en ese gesto el peso o la gravedad de aquel envío. Lo que tuvo en mí el efecto contrario de bombearme aún más aire y hacerme seguir hacia arriba, irresistiblemente.

9

Viajar al pasado, aplicarme a aquel punto de las *paredes del tiempo,* caminar por el jardín de tu casa, introducirme en él como un hombre más sabio, alguien con la experiencia y el conocimiento exacto de ya haber vivido ese día, la tarde todavía clara en la que regresamos del paseo, entramos a la terraza encristalada y estoy a punto de exclamar: ¡diamantes artificiales! Llegarme hasta mí, colocar mi índice en mi propia boca, introducir un tabique en el fluir del día. A que mis palabras se deslizaran por la vertiente opuesta, en ángulo más abierto, a sacarlas de mi vida.

Y sin embargo, nada de eso. Nada de eso hice u ocurrió: nos detuvimos un segundo frente a la piscina como figuras en blanco, el pelo ondulado de ella, sin fajar mi camisa de lino. El momento en que alcanzamos la casa y rompió a hablar finalmente, se volteó decidida a dejarme entrar en el secreto, moviéndome o sacándome bruscamente del tiempo en que me movía (o nadaba) a las noches atravesadas por descargas blancas bajo una lluvia roja. Con cegadora nitidez. Sólo allí, me dijeron sus ojos, sólo bajo esa lluvia podía besarla, si me acercaba, abandonaba el bloque de aire seco donde me movía.

Detenerme, haber girado en redondo: mis escasas mensualidades de preceptor en aquella dirección, mis comentarios al libro, el árido paisaje de España por la abertura de la puerta en el muro. En ésta, Petia, sin palabras, sin que tuviera necesidad de utilizar todas las palabras que gasto contigo, una mujer dorada bajo una lluvia roja. Y todavía más diamantes entre la hierba del jardín. Y girando octoédricamente en el aire. ¿A cuál habrías entrado? ¿A cuál puerta? ¿Aun a sabiendas de que un tigre avanzaba hacia ti fuera del cuadro?

CUARTO COMENTARIO

1

Hay escritores que sí puedo mencionar por su nombre, autores menores como H. G. Wells. Un contemporáneo del escritor, un hombre que también trabajó o abordó el tema del tiempo. Sólo que de una manera más torpe o mecánica, no el escritor que imaginó aquel procedimiento más sutil, capaz de transportarte al pasado, recuperar los días perdidos. Un estado que invocaba –todo el mundo lo sabe–, con ciertas pociones mágicas, ciertos hongos o setas que guardaba en el bolsillo de su delantal de artista y que queriendo viajar a su infancia, reconquistar un día ido, le bastaba mordisquear aquellos como mendrugos del tiempo (no magdalenas, eso es un infundio; tampoco tilo) que lo llevaba inmediatamente al segmento del pasado de donde provenían aquellos hongos y aquellas pociones.

Ni tampoco entregado a ensoñaciones como un fumador de opio reclinado blandamente en una nube, que es lo que proponía falazmente ese predecesor del comentarista (De Quincey), a quien el comentarista le debe, dicho sea de paso, casi todo: el tono, los temas, el cinismo. Un hombre instalado cínicamente en lo alto de una literatura que comentaba como desde el fondo de un barril. O como Diógenes, el cínico. Y todos esos comedores de opio, todos esos escritores menores o comentaristas, han pretendido viajar en el tiempo o han fingido viajar en el tiempo y traer de vuelta recuerdos redondos, rubíes y zafiros recobrados sin dificultad.

Sólo el escritor discernió en la masa verdiazul del pasado, entre las líneas sinuosas y oscilantes de la memoria perdida, el tiempo en sí. Que el pasado está hecho no de aquellos recuerdos duros y tangibles, posibles de ser cobrados a voluntad, sino de recuerdos vagos, azules y lilas, no rojos y no pepitas duras. Y concibió escribir un detallado informe que insertó en un capítulo del libro con el que aportó de paso, y sin que fuera su principal preocupación, la solución que había vislumbrado para este asunto técnico del viaje en el tiempo. Y para que llegara más fácilmente a la mente de los lectores tontos (o por decir, del público) tituló su trabajo «en búsqueda del tiempo» y tal. Un libro, parecía decir, que también intentaba aportar una solución a este asunto tan en boga en su época del viaje en el tiempo. Alguien sin miedo a recurrir a un pequeño engaño, a una impostura menor para llevar adelante un proyecto, aceitarlo adecuadamente de modo que se introdujera con menor roce o ruido en las mentes de sus contemporáneos. Luego se limpiaría de aquello, sabrían los hombres más inteligentes de las generaciones por venir que no era ése, el del viaje en el tiempo, el tema de su libro, que tan sólo mencionado de pasada. ¿Y cuál era su asunto? Todo, todas las cosas, todos los hombres, el mayor libro jamás escrito, una suma de la experiencia... ¿Humana? Humana.

Ni jamás habló o mencionó el escritor la «máquina del tiempo». Porque Wells, al hablar de la «máquina del tiempo», se refería a una máquina, un ingenio mecánico, que te permitía viajar en el tiempo, adentrarte en la cuarta dimensión, físicamente. Vista o vislumbrada esa máquina practicando su camino a través de la masa de hojaldre de las épocas, mordiendo y desmenuzando vidas en un frente enorme, una rueda o escudo de diamante que mordiera con absoluta limpieza, sin que jamás haya encontrado un hueso duro de roer, un príncipe, un principado, un año en particular. Todos reducidos a polvo, limpiamente.

2

Me quedé con una sola mujer, como el escritor con Albertina de entre todas las muchachas de la bandada, Andrea, Rosamunda, Giselia. Escogido entre la tahúr que había imaginado, entre la supuesta asesina, la timadora internacional, entre la multitud de mujeres que habían sido tu madre hasta ese día, desdoblada en una bandada de malas y pérfidas mujeres, a una sola. Como el escritor a Albertina. Escuchándola con los ojos arrasados de lágrimas sobre el sofá leonado, entrando a su historia de amor y talladores de diamantes.

Todo lo que me contó muy animada al principio, cómo debían desnudarse en aquellos talleres y correr completamente desnudas en hileras, con la rapidez y la manera desordenada que tienen las mujeres (no las triatlonistas) al correr: los codos demasiado lejos del torso, las manos adelante y en el aire, muy abiertos los dedos. Vigiladas todo el tiempo por guardianas que les impedían ocultarse nada en el cuerpo, una gema a medio tallar, un diamante que pudieran terminar de pulir en casa.

Tocada ella en su cuento como en uno de esos filmes que me llegan al corazón cuando los veo, con un lindo pañuelito blanco. El modesto atuendo de joven provinciana que jamás ha robado, el vestido sencillo bajo el cual, a pesar del corte demasiado ancho, se adivinaban las formas, los hombros, la delicada espalda de una mujer bellísima no sé sabe cómo involucrada o por qué siendo parte de aquella sórdida historia. Toda inocencia sus gruesas cejas, la manera con que sujetaba, para que no se lo volara el viento, el pañuelo o pañoleta: gris el vestido, blanca la pañoleta.

Había lapidado gemas por años, permitido que el brillo de-

masiado fuerte de algunas piedras, de los diamantes reales de Yakutia, se abriesen paso por entre sus ojos, practicando estrías
demasiado gruesas en su iris, rayados ahora, a la distancia en que
la observo abordar el bus de la fábrica, buscando dónde apoyar
el pie pobremente calzado: unos como botines de obrera, redondos y fuertes. Sin que en ningún momento, me dijo, mirándome a los ojos, sin que por un segundo pensara en quedarse o robarse ninguna de esas piedras.

Allí, inclinada sobre la fresa o bien llevándose a los labios una
taza de té, con la bata blanca de las fresadoras, la había encontrado Vasily. Se acercó a ella sin que se supiera observada por él, por
su ojo derecho, con la insistencia de un gemólogo. O un monstruo, un cefalópodo gigante agitando los tentáculos, flotando en
el aire vacío del restaurante de la fábrica, una tarde en E*.

De donde terminó succionándola o abduciéndola, llevánd-
dola al fondo de una vida vacía, provinciana. Las horas que se le
iba en desplegar frente a ella su vasto repertorio de suertes cir-
censes, la de alzarla con uno de sus tentáculos, zarandearla en lo
alto, ruborizada y riente ella, su pelo cayendo amoroso sobre las
horribles ventosas de tu papá (¿mi papá? Sí, tu papá, escucha),
permitiendo que depositara en su seno la imagen en miniatura,
el homúnculo de un niño odioso, que crecería con el pelo siempre largo y las orejas sucias. Todo ese horror. La espantosa se-
mejanza de Calibán, el niño, con su padre, el horrible Próspero,
la angelical dulzura de Miranda.

—¿Todo eso en el escritor?

—No todo... Puedo decirte de dónde son Calibán, Próspero,
Miranda, de otro escritor, ¿qué importa? De otro gran escritor...

3

El susto que me llevé, el miedo que sentí cuando levanté mis
ojos llenos de lágrimas a los de tu madre, sin querer creer, sin

dar crédito a que sus bellas clavículas, sus suaves hombros habían soportado aquel peso, que tu padre, de la manera más desconsiderada, sin calcular la presión de su horrible abrazo, la había arrastrado a aquella vida de privaciones, como el amo de una frágil acémila, que la carga y la hace avanzar a trompicones por un sendero de montaña. Y me acerqué a ella y le hablé y le dije que estaba allí ¡para salvarla! (¿para salvarla? ¡Para salvarla!). Con tal vehemencia que no pudo menos que sonreír ante mi impulso, se movió primero para estar más cerca de mí, cambió de idea y se puso de pie, conmovida (o divertida), no pude adivinarlo, mientras su espalda, sus bellos omóplatos y su nuca cambiaban con una sonrisa, sonriéndome la nuca y los omóplatos, un disco.

Esperó a que saliese la música, comprobó que era el disco que quería poner y se volteó con otra sonrisa en sus labios: meses de bondad y toallas secas en los anaqueles de todos los baños. Los ojos dorados de una mujer ya no joven, mayor ahora que la que Vasily había sostenido en el aire durante noches. Yo también mayor ahora, ¿sabes?, que hace quince o diez años. Todos, por fuerza, mayores que hace diez o quince años, más lentos. Pero ¿no gusto hoy día de canciones más lentas? ¿Melodías que hagan hablar a mis sandalias con mayor franqueza que el baile frenético de mis zapatos de baile? La manera como me acerqué a ella, la gota de sudor que cayó de mi brazo por dentro de la camisa, cayó y mojó, de manera discernible y aislada, mi cintura.

Con miedo a espantarla, igual mi parsimonia a la de Lifa en la cocina cuando cambiaba de lugar los calderos de cobre, inclinándose, bajando lentamente el torso a un lado para comprobar la altura de la llama en la hornilla. En la que bailábamos los dos, el rostro de ella y el mío, nuestros rostros consumidos por el fuego, las lengüetas azules de mi pasión, el impulso que me llevaba a aspirar el aroma de su pelo, hechizado por el arco de su cejas, girando en el centro de una canción lenta, que me asombró al escuchar sus primeros acordes porque me dije: jazzeada, sin que pudiera decirte, en ese instante, tú en tu cuarto, introducir un rápido comentario, pasando por alto la naturaleza comentarística (¿o tardía? O tardía) del jazz. Esa canción que hoy, cada vez que la escucho, lógicamente.

Entendiendo esto tras cada vuelta, dejando claro esto: lo que me pidiera, sin dudarlo un segundo. Cualquier cosa con tal de demostrarle... Cualquier cosa. Los bloques de mi alma quedando en una disposición única, por la que siempre soplaría, por entre aquellos bloques, el mismo aire, la misma canción. Dondequiera que llegara a estar, en cualquier segmento de mi vida futura. De vuelta siempre a aquella tarde, a la conmoción y al pavor que llegaron primero a mis centros motores, me asaltó, antes de que entendiera nada cabalmente, el horror de tu padre, el pulpo, observándonos desde muchos compases atrás, al otro lado del cristal. Falsamente modesto, más terrible por eso: *Igual que un Rey que hace cola en un teatro mientras las autoridades no se enteran* (Libro..., Pág.....).

La tarde ya casi sin luz detrás de él, adensándose el agua en la piscina. Nadie afuera, nada que le impidiera entrar, descerrajarme un tiro o arrastrarme inmóvil, sin que atinara yo a mover un músculo, una pata, a ahogarme en la piscina como un cachorro, transmitiéndome aquella agua, a mis ojos, a mi tráquea, la inconveniencia de haber querido besar a la esposa del jefe, del *boss*.

¡Pero no la había besado! ¿Me oyes, Vasily? No la había besado, no había ejercido, por decirlo así, mi turno. Moriría no sólo sin culpa, sino también sin haberla tan siquiera besado, ¡Vasily!

Nelly sonreía sin dejar de bailar y habiéndolo ya visto, a su esposo, en una vuelta de nuestro absurdo baile y a mitad de aquella pésima canción. Sí, pésima. Yo sería el..., ¿qué número sería, Petia? ¿Cuántos preceptores habías tenido antes, de cuántos se había deshecho Vasily al descubrirlos como a mí, seduciendo o, mejor, habiendo sido seducidos por su esposa? ¡Puedo explicártelo todo ahora mismo, Vasily! Aquel susto, aquel miedo, quemando todo como un rayo, haciendo volar todo dentro de mí, soldando a fuego, cableándome de por vida, dejando activada sólo ciertas combinaciones de sinapsis.

¿Y cómo todo eso no figurar en los libros que alguien puesto a escribir, yo por ejemplo, escribiría?

Inconcebible, impensable, siempre en mí, desde esa tarde, la silueta cada vez más oscura de Vasily, antes de entrar y sacar... ¡Y sacar nada! Acercándose a mí, taimadamente, como con la intención de apagar el estéreo y, ya habiéndome rebasado o fingiendo haberme rebasado, voltearse hacia mí a colocarme un cuchillo en las costillas. El grito de Nelly: ¡las alfombras, Vasily! (que no dio). El grito que fui a lanzar como un esclavo negro sorprendido por Schahzaman, y que retumbó en mi cabeza ya cableada o reprogramada para siempre. Grité, para mí, ¡Rex!, ¡Rex!, presa de pánico, como en Mozart, ¿puedes creerme?

4

Ahora bien, si el tiempo es una magnitud discreta o discontinua, deben existir mínimos espacios entre sus más pequeñas fracciones, saltos en los cuales no transcurre tiempo alguno, mínimos espacios de eternidad.

Y alguien, un hombre que hubiese razonado esa estructura intermitente del tiempo, podría sacar provecho de ello, aminorar las revoluciones de su cuerpo, descubrir, a partir de cierto momento, aquellos intersticios como ventanas en el aire, pasadizos hacia la eternidad, a un sustrato de no tiempo en el cual las horas detenidas. Por allí alcanzarlo, avanzar hacia delante, hacia el comienzo de mi estancia en tu casa, al momento anterior a mi llegada, cuando no debí tocar la puerta, aporrear el portón, tocar con insistencia el timbre. O bien volar en sentido inverso, hacia el desencadenamiento de la trama, con todos los misterios resueltos, sus claves frente a mí, descifradas.

O como el ladrón de los melocotones de la longevidad, en el escritor, que observa impávido a sus perseguidores, a Forcheville y a Andrea, patalear de impotencia del otro lado del lienzo, sin poder echarles el guante. Un viaje así, inmediato o súbito. No como debí temblar todo el trayecto, en el momento en que me pidió Vasily que subiera al Mercedes y cortamos el aire viajando a mil por hora. Buscando, me dije, un lugar donde bajarme, el acantilado en el que había estado horas antes con su mujer, el sitio apartado en el que ajusticiarme, porque nunca debió su mujer, en un arranque de sinceridad y franqueza.

Metido ahora en el sucio secreto, yendo a morir ahora, por el sucio secreto de aquel dinero. Temblando y odiándome por haberme dejado ablandar y engatusar por su señora esposa.

Pensé en Lifa, la única persona en toda la casa que de verdad me quería. Que habiéndome visto subir al coche, las manos en la espalda, la mirada perdida, intentaría comunicarse, llamar a la Policía Montada del Canadá o a la Guardia Civil (es igual, la que llegara primero).

Por un error suyo, está bien, por una confusión, lo acepto, porque había tomado, y la había dejado en la creencia, el libro por el libro anterior. La vez que la devoción con que parecía apretar el libro contra mi pecho le hizo fijarse en él, creyó descubrir entre mis manos —el libro en octavo que sostenía siempre abierto y hacia el cual bajaba la nariz o sobre el cual, siguiendo las líneas, se movían mi nariz y mis ojos, escaneando a mi cerebro página tras página, infatigable— un breviario, el Evangelio que leería ahora lejos de casa, desconcertado por mi suerte, entre gentes extrañas.

Ningún otro libro podía ser objeto de tanta veneración, leído con igual devoción. No se le escapó que me saltaba páginas, trozos enteros, que introducía el dedo sin mirar, dejaba que el acomodamiento de las hojas (yo observando mejor la entrada de Nelly al jardín), el sol brillando en sus cantos dorados, determinara la lectura de aquel día. Y cuando por fin caían a uno u otro lado, bajaba entonces la vista, entraba de golpe en un pasaje, parecían activarse al contacto con mis ojos las minúsculas figuras de Gilberta de Swan, de la princesa Mafalda, y toda la escena del libro cobraba vida.

La manera que tenía de detener las cosas en el aire, Lifa, de moverse entre ellas sorteando las moscas congeladas, los pájaros inmóviles a tres pies del césped, pasando junto a ellos como quien pasa junto a un colibrí en un jardín del Trópico. Y logró salvarme aquella tarde de la ira de tu padre, ralentizó el fluir del día, detuvo el sol en el cielo, lo hizo que alumbrara por más horas, interfirió el plan de Vasily que no halló mientras viajábamos por aquella carretera un golfo de oscuridad, una nube sobre el suelo adonde entrar, a aquella nube, la hoja de su cuchillo o puñalito rojo, bajando hacia mí, centelleando en lo blanco algodonado.

Se asomó varias veces Vasily por la ventanilla del coche, aminoró la marcha en varias ocasiones y debió seguir de largo, acelerando con rabia, porque el sol, obstinadamente, en el cielo, la demasiada claridad. Brillando todavía en todo su esplendor cuando torció el volante y rodamos por la avenida circular de una mansión o casa enorme, también sobre la playa.

5

La encontré donde debía estar una belleza de esa índole. La descripción que da el escritor de esas mujeres en sus lujosos Fortuny, semejantes a *navíos,* escribe, con las velas desplegadas, su boyar ligero por los parques y aquel bosque ajardinado de París. Más cerca ahora esas mujeres, a quienes podemos ver sin el estorbo de un traje, fácilmente visibles en las playas, junto a una piscina, Larisa.

La manera que tenía el sol de jugar en sus brazos, semialzada, el vientre plano, las uñas manicuradas. No una rubia platinada de aspecto vulgar: una rubia platinada del más sofisticado aspecto. La manera como habló elegantemente sobre un tema del que no pude hacerme una idea (pensando todavía en el peligro que acababa de vivir). Sin entender, repito, lo que habló la mujer, pero sí cómo lo abordó: con absoluta elegancia y dominio de sí misma, alguien del mismo instituto entre los árboles en el que Vasily había trabajado toda su vida.

Cómo se puso de pie con total inocencia y falta de coquetería, pasó frente a mí, cortó el aire yendo por algo, una liga para el pelo dejada sobre otra silla de extensión, alzó los brazos para anudar una coleta arriba, sin dejar de hablar y sosteniéndola, por un momento, a la liga, entre los dientes, mascullando algo que entendí perfectamente (y no me asombró: que Vasily había venido la semana pasada y no volado a Amsterdam como pretendía), tensándose en ese instante sus senos bajo el sostén del bikini, rosada a la luz de la tarde, suave y redonda. Las vetas o las vías de sangre bajo su piel, como esos teléfonos nuevos, de plástico translúcido, diseñados para ver los electrones correr en su interior, brillar, encenderse un foco rojo cuando llaman (en lugar del timbre). Que aun si la tarde dejara de brillar y se escondiera el sol que extrañamente se había mantenido tantas horas en el cielo (obedeciendo quizá a mi ruego de más luz, primero para intentar besar a tu madre y por miedo a que Vasily me ultimara, luego), en la mayor oscuridad de una noche caída repentinamente brillaría aquella mujer como una creación de otro mundo, una criatura de la Epsilón de Tucán, miríadas de fotones por sus poros como un ángel o como las piedras que habían fosforecido en mis manos. Igual de perturbador aquel efecto.

Un hombre, un gigante, un hombre con una suerte inmensa, alguien a quien había clasificado fácilmente como un hombre vulgar, con las dos mujeres más increíbles o bellas, construidas artificialmente sobre los más nuevos moldes de mujeres bellas, toda la falsedad de la tecnología incorporada a sus cuerpos, aquel brillo. Calculados para rodar y hacer caer dentro de ellos a cualquier hombre. Dios, me dije, ¡una diosa!

71

6

Psellus, he pensado. Prefería que me llamaras Psellus, aunque mi nombre es otro, ya sabes. Pero desde los ojos de Michel Psellus, desde esa esfera, podré seguirte con la mirada diáfana de pedagogo excelso, mi mano sobre tu cabeza, sintiendo cómo pasa a ti el saber del libro, te apropias de él, Petia. De manera que si esta civilización dejase de existir, sus baños preciosamente azulejados, los grifos de oro de tus padres, y sólo se conservaran mis lecciones, mis lecturas del libro, fuera posible recuperar estos días, el eco de mis palabras, que quedarían en ti, como inclusiones en el ámbar.

Tú y yo bajo el suave girar de la superficie esférica: tú escuchando, yo hablándote. Los fragmentos del libro, sus pasajes comentados, flotando en torno a nosotros, saliendo de mis labios, viajando en el aire hacia ti, perfectamente visible tu cara concentrada. Las letras azules sobre el piso, sobre tu ropa, sobre las losas del patio, a medida que da vueltas la esfera y se mueve lentamente el texto en sus paredes.

1

No un libro de páginas infinitamente delgadas que contuviera toda una biblioteca en un solo volumen o una biblioteca hecha de secciones romboidales en que unos hombres –bibliotecarios– adoraran los libros, emprendieran largas peregrinaciones, interrogaran abstrusas combinaciones de letras, fueran lanzados al vacío al morir, etcétera. Un símil mecánico y una compresión anticuada de la biblioteca. Algo bien diferente he discurrido: una circunferencia de radio infinito, una construcción esferoidal, una biblioesfera que, ptolomeicamente, tiene su centro en cada hombre-lector y va dando cabida en sus delgadas paredes (del grosor de un papel Biblia) a todos los libros, éste incluido, y todos los comentarios a ellos.

Aunque sí, estrictamente hablando bastaría con el comentario a un solo libro... Pero ¿cómo describirte, cómo pintarte el desánimo que me embargó, el desespero tras aquel viaje a Torremolinos cuando descubrí que se había aprovechado de mi ausencia para destruir el libro, despojarme –eso creía– de las fuentes de mi sabiduría y destreza pedagógica?

–¡¿Cómo?! ¿El libro quemado?

–Quemado... Destruido por el fuego... Pero deja... Primero...

–Sé que ahora me escuchas, Batyk, que no has dejado de es-

73

piarme desde que arribé a esta casa. Jamás visible en el jardín cuando le hablo al niño o te hablo, Petia. Conociendo, ya lo había notado antes por sus réplicas fuera de lugar, qué pasaje o qué temas habíamos tocado un día de abril o de marzo (el de la gravedad, por ejemplo, tan importante) y con qué exactas palabras. Hasta que, aplastado por la fuerza y la sabiduría y la belleza innegable de libro, concibió deshacerse de él, privarme de esa fuente pública, no secreta, ¡pública!, de mi poder y sabiduría pedagógica.

–Que el día que regresé de aquel viaje, Petia, y sabiendo en cuál pasaje del libro hallar algo sobre la crisis nerviosa de tu madre, en las palabras de Cottard, el clínico, palabras que me permitieran leer correctamente el miedo en sus ojos, subí por él a mi cuarto. Y encontraron vacío mis dedos abiertos en abanico, palparon vacío sobre mi mesita de noche y registraron vacío mis ojos. Sin que por un momento imaginara esto: a ti en pantalones cortos y tirantes, como un niño anterior, detenido a mitad de camino hacia Nintendo, dándole orgullosamente la espalda, desandando tus pasos y llevado, por mis meses de esfuerzo, al libro.

Y hallé –porque esto fue lo que hallé– la representación en miniatura de lo sucedido. Una réplica de ese pasaje en que el sultán, en el escritor, se acerca y observa el misterio de la mesa, algo que parecía un tablero de ajedrez con figurillas de madera, todo un ejército. Y descubre, para su enorme sorpresa, que se hallan en movimiento: caracolean los caballos, volean sus cimitarras los guerreros, brillan las medias lunas de sus yelmos. Todo desde la lejanía sorprendida de sus ojos. Vi al buriato en el lienzo de pared entre tu puerta y la mía, las manos entrelazadas al frente, escuchando pasaje tras pasaje, oración tras oración, llevando ahora un dato importante en su interior, algo que te había mencionado en una de mis clases: que la temperatura de combustión del papel es de 451 grados Fahrenheit. Aunque ¿por qué en grados Fahrenheit, siendo el escritor de un país de grados Celsius, 232.77, respectivamente? No sé, no lo sé. Y comprendió y concibió Batyk qué le haría a mi ejemplar del libro a la primera oportunidad. Que no tardó en presentarse durante mi ausencia de dos días, sin que hicieras nada, Petia, por salvarlo. Al libro.

Encontraron aire mis dedos abiertos sobre la mesita y tan sólo pudieron cerrarse, horas después, sobre un óvalo chamuscado que encontré detrás del seto junto al bar de la piscina. Porque las páginas, más delgadas y habiendo sido arrancadas una a una, consumidas por las llamas sin dejar huella y únicamente el material más duro, ignífugo, de las tapas, el becerro tratado, quemado o mordido tan sólo en los bordes.

Una mota negra que estudié un segundo y hacia el centro: ni huella de las letras doradas del título, nada que recordara el libro, el nombre del escritor, su firma en cursiva. Lo entendí todo al instante, cuál había sido su suerte, y con el mismo impulso lancé la tapa con un movimiento de muñeca como le hago a *Almaz* con el disco volador, el *frisbee*.

De modo que atravesó la noche hacia el fondo del jardín, se elevó, atrapado o propulsado por la turbulencia que su mismo avance y rotación generaban y salvó limpiamente el muro. Nada de entrar a la casa con aquella mota negra, lanzárselo a la cara del buriato que palidecería, etcétera. Una carcajada o el aire de una carcajada me llenó el pecho sin que me riera realmente en la noche, sólo mis ojos: ¡ja! Y me volteé todo, presenté mi cara, sus ojos rientes, a las luces de la casa, porque en el momento en que la oblea del libro salía disparada, habían visto mis ojos una estela iluminada de palabras que avanzaban hacia mí en el aire. Que sin necesidad de buscarlo trabajosamente había dado con un pasaje en el libro sobre carcajadas. Éste: *Cogió el turbante y se lo puso de varios modos, hasta que, ¡oh maravilla de las maravillas!, al querer contemplarse en el espejo, vio que había desaparecido. De nuevo dio una vuelta al turbante y reapareció su imagen. La volvió a colocar en la última posición y entonces desapareció. Lo qui-*

tó otra vez y pudo contemplarse ante el espejo. Al fin, echose a reír
a carcajadas y exclamó: «¡Gloria a Chernomor y a su turbante! ¡Te-
rror, aléjate de mí! ¡Alegría, vuelve a mi corazón!»

2

Permíteme que te insista en ello: no lo sospechaba, no lo vi
venir, no supuse, ni por un momento, que diamantes artificiales. Ningún indicio, nada en el escritor me ayudó a entenderlo.
Un tema indigno de él, un asunto al que jamás le hubiera dedicado una línea, no a título de broma, no a título de ejercicio,
nunca. La elaboración de diamantes artificiales, el timo que
pone un diamante artificial indefectiblemente y de modo casi
automático en el alma de su creador, ¿tendría o se le ocurriría a
un caballero ese tema? ¿Se aplicaría un caballero a la construcción de diamantes artificiales? ¿Tomaría un hombre joven, yo,
como artificiales los diamantes que la esposa de su empleador,
la hermosa mujer de delicados modales, había puesto en sus manos como pago de sus clases y esfuerzo? Jamás. Hay cosas en las
que es mejor no pensar, en las que un alma limpia y recta nunca se detiene. ¿Permitir que me invadieran las cadenas martilladas, los andares rufianescos de tu padre, la manera que tenían
los bajos de su pantalón de barrerle sus zapatos al andar? ¿Con
qué fin? ¿Con qué objetivo?

Yo había temido, lo había imaginado zarandeándome en lo
alto del acantilado, rodando las piedrecillas bajo mis pies, con
una pregunta en su ojo malo: ¿has estado seduciendo a mi mujer? Perfectamente descrita la golpiza en esa parte del libro que
es una prefiguración de *The Matrix* (¡en el libro está todo!),
cuando uno de los agentes alcanza a Neo en una estación de metro y entra en un régimen de golpes rápidos, una rueda de puños entrando al torso de Neo como aspas. Una rueda que en lugar de dientes –una rueda dentada– trajera puños: una rueda de

puños. Trabajando o mordiendo el torso de Neo. Toda esa escena, esa lluvia de puños, para decirlo en una imagen del XIX, de un escritor menor, cuando en realidad se trata, como escribe el escritor, de una *constelación* de puños, que caen por la fuerza de la gravedad y rompen el torque en un punto y golpean como martinetes... Todo eso, en este pasaje del libro: *...como aparece en el cielo un fenómeno astral,...unos cuerpos ovoideos...con vertiginosa rapidez...Los dos puños de Sain-Loup... que les permitían componer delante* (de Smith, del agente Smith) *una inestable constelación,* etcétera.

Estoy seguro de esto, no puedo equivocarme en algo así: guardo en mi memoria todo el libro, su texto inviscerado. Ni dejes que te confundan el turbante y esa risa carcajeante, que pueden parecer un añadido tardío, la falsificación de una época posterior. Lo mismo esto de la constelación de puños, esa imagen insólita.

Llegué a imaginar, te digo, puños en el aire en el viaje a Torremolinos y todo el tiempo que estuvimos con Larisa, pero nada de puños. Más bien lo contrario: amable Vasily y comprensivo como un científico que entiende que un hombre joven, casi un niño, en tan lujosa mansión y en compañía de mujer tan hermosa. Rodeada de diamantes esa mujer, no sólo su cuello, toda ella entre un séquito o una nube de diamantes orbitando en torno suyo, ¿cómo no enamorarse o cómo no caer perdidamente enamorado de una mujer así?

Me engañaron los modales de tu papá, me confundió el hecho de que jamás había visto a mafiosos de verdad, sólo en el cine. Y lo había tomado y creído uno de ellos.

Entendido ahora: un pícaro indefenso, un ladronzuelo, un pillo de poca monta acogotado por el miedo. Patente su temor en la manera con que sus ojos barrían lo alto del muro cuando salía de la piscina, apoyaba sus manos en el borde, se izaba y se volvía rápidamente a mirar por encima del muro como si alguien pudiera aprovechar su espalda en el agua, su indefensión de nadador para clavarle dos balas, el rojo tiñendo la piscina, extendiéndose en una mancha púrpura. Vasily flotando extrañamente en el centro, observando fijamente o como observando fijamente el brillo de una moneda en el fondo, las balas que habían fallado.

Pero esto también, aquel pensamiento abriéndose paso velozmente al encuentro del parabrisas, ¡todavía más terrible esto!

Quienes yo creía, a quienes había imaginado fabulosamente ricos, inmensamente afluentes, horriblemente pobres en realidad. ¡En bancarrota!, él mismo lo había confesado, ¡en bancarrota!, terriblemente nadies.

Timado a profundidad, Petia, me sentí, por aquellas gentes, tus padres, engañado por la pareja que tan bien, con tanto despliegue de medios, había representado a la perfección su papel de ricachones. Al punto que les había creído, colegido que vivía en un Castillo y que mis manos pegadas firmemente a la ubre, congratulándome por ello. Mira tú que tan sólo ganar tiempo, hacerme con un poco de dinero (nunca el suficiente), ahorrar para los días malos y proseguir mi viaje. Había tenido, es verdad, momentos de sospecha, atisbos en ráfagas, mis manos y mis pies queriendo corregir el cuadro falso, la percepción equivocada que mi cerebro pintaba.

Unas horas antes, para ponerte un ejemplo, el dinero de una exagerada propina que le vi pagar a la salida de aquella disco, todavía más cara y lujosa que Isthar. Indignado por ello, enojándome conmigo mismo por verme obligado a enmendar aquel error, arrebatarle el billete al asombrado portero... Y lo peor —la vista fija en el campanario de una iglesia que no dejé de observar hasta que se perdió a una vuelta del camino—: ¡no me habían pagado! ¡Nada! Si aquellos diamantes artificiales, ¡no me habían pagado!

¿Cuánto vale un diamante artificial? ¿En cuánto se puede vender un diamante artificial?

Lo leyó todo en mi rostro, no dejó de mirarme todo el camino sin que pareciera presionado, Vasily, ni acorralado, más bien, en la dirección opuesta: una sonrisa en sus labios. De aplomo y petulancia por el coche que manejaba, por la belleza que tenía por esposa y la beldad, la inefable beldad, que tenía por amante. La volví a estudiar esa mañana, no pude apartar mis ojos de ella, de Larisa, cuando bajó frente a su casa y se alejó rumbo a la puerta, su chaquetita jeans con lentejuelas, el pelo rubio y grueso, a mitad de la espalda, la manera como se volvió y me saludó alegre, con el brazo en alto. Al punto que me pregunté como en una novela del XIX, ¿la volveré a ver? ¿Alguna vez?

3

No abrí la boca por varios kilómetros, en los que, por toda esa parte del camino, chocamos con una nube de insectos que tomé por langostas o saltamontes africanos y resultaron ser pequeñas mariposas amarillas. Hay un pasaje hermoso del escritor en el que Swann y Agostinelli entran a una nube así que van aplastando con las ruedas de su Hispano-Suiza, las sienten crujir, las observan ir emporcando el parabrisas al punto que deben hacer una parada, a limpiarlo de los torsitos aplastados contra el vidrio. A punto de salir el sol, esa mañana de abril todavía un poco fría y aquellas mariposas, el polvo ¡dorado! de sus alas.

Y esto: el alivio de que no fuera una mafiosa tu mamá. Imposible que mala una mujer tan dulce, con la que había hablado sobre tantas cosas las tardes en que él falsamente en Rotterdam. Casada con un hombre que la engañaba y al que no podía yo ponerle coto, freno. Escapándoseme a toda velocidad, su ojo izquierdo abriéndose camino a pocos centímetros del asfalto. Sin apartar ni un segundo la vista del camino, riéndose con los ojos, las arrugas más cerradas, junto a sus ojos, de quien se ríe a carcajadas para sí. Tenía una amante bellísima (la había visto), un coche veloz, le habían crecido las muñecas, ¿cómo no iba a estar de excelente humor esa mañana? Amaneciendo en la Costa del Sol.

Habían aparecido de pronto, esas muñecas. Toda la fuerza de su nuevo aspecto o seguridad interna engordando sus muñecas. Pero yo también, ¡eh!, yo también podía pegarles, incluso creo que las hubiera reducido a la nada, aunque debían ser tomadas en cuenta, esas muñecas. Empalmaban sin un segundo de desviación en sus brazos o bien sus brazos encajaban con mayor seguridad o fuerza en el puente de esas muñecas más anchas ahora, por las que podían pasar más sangre, más tropas de ser necesario. Permitirle que se levantara, que jugara amenazadoramente con los músculos de su espalda, se abalanzara confiado sobre mí para cazarlo entonces al vuelo. Por las muñecas. No tan crecidas, Vasily, que podía rodear con mi índice y mi pulgar de quererlo. Una ilusión óptica, Vasily, una ilusión óptica de la que yo mismo había estado a punto de ser o caer víctima. Nada de muñecas grandes o gruesas. Muñecas normales. Tranquilo. Esto: (contra el suelo). Esto: (¿te rindes?).

—¿Cómo puedes hacerle eso a Nelly? —protesté—. Me gustaría tener el libro a la mano. Te lo mostraría, cómo terminarás diciéndote: *Cada vez que pienso que he malgastado los mejores años de mi vida, que he deseado la muerte..., todo por una mujer que no era de mi tipo.*

—Falso —me dijo—. No dice eso —soltó sin apartar el ojo del camino y lo sacó luego un momento, me lanzó una mirada y se rió—. No dice eso, *batiushka.*

—¿Sí que lo dice, no puedo equivocarme en algo así. Yo también, además, te lo digo: ¿cómo puedes hacerle eso a Nelly?

(Aunque sí, falso sin duda. ¿Cómo no iba a ser *de mi tipo una mujer* que tenía la apariencia de una rubia perfecta, que parecía la idea de una rubia, una rubia de iridio inmune a las variaciones de temperatura o una rubia que era el sello de oro ochavado con que se imprimen las demás rubias en el cielo?

¿Cómo, de qué forma llegaría a arrepentirme, pensar que malgastaba *los mejores años de mi vida* después de haber bailado con una mujer así?

Y aguarda, espera un segundo, todavía no había escuchado la propuesta de tu padre.

—Son falsas, ¿no, Vasily? —le dije.

Y esperaba, en lo más profundo de mi alma, viendo moverse aquel campanario por la ventanilla del coche, que me respondiera: no, son reales.

—Son falsas —me respondió entonces, volando a casa—, pero se pueden vender perfectamente, pedir miles. Nadie en el mundo que las fabrique así, nada semejante.

—¿Y cómo venderlas? He debido prestarte dinero en la disco. Sin *cash*, Vasily, sin efectivo.

—Bueno, lo he visto y te he dejado hacerlo porque te quiero como un padre —mintió—. Te equivocas además, quiero mostrarte algo.

4

¿Qué importa cuánto haya que ver con tus propios ojos si no está en el libro, Petia? ¿Cómo creer en hecho empírico alguno, fenómeno alguno no sustentado por su autoridad? Sería echar abajo el edifico entero de tu educación, alterar la clave de mi método que es suplir la observación directa con la lectura de sus páginas, destronarlo de su muy bien ganado lugar como única fuente de saber y comprensión del mundo, sana y útil a nuestros corazones; un libro capaz de arrojar luz sobre todos los enigmas, bueno para tener un atisbo de la inspiración divina que lo engendró y sin cuyo auxilio es imposible explicar su aparición, que haya sido escrito por un simple mortal, por un francés, aquejado por el asma, a quien, literalmente, le faltó aire toda su vida y que así y todo, no obstante, un millón de palabras, tres mil cincuenta páginas, el más grandioso libro jamás escrito.

Me había dicho, había deducido sagazmente: he aquí a alguien que le ha inventado a su mujer el fantasma de los ladrones, que la hace vivir temiendo un atraco en un país que no conoce y por el que no se aventura a salir sin compañía y ni así. Una ciudad que imagina habitada compactamente por mafiosos, un nido y una guarida de maleantes. Todo para mantenerla en casa, poder salir con la otra mujer, bellísima, Petia, un «cromo». Que no entendiera tu madre que jordanos pacíficos en la mansión de al lado, celadores en la casona vacía al comienzo de la subida, la misma paz y decencia por toda la costa, de Algeciras a La Cala, respetabilidad y dinero. En su lugar: guerrillas urbanas, conflictos de baja intensidad, ajustes de cuentas, visiones alimentadas ex profeso por tu padre. Así de simple.

Lo leyó todo en mi rostro, en la manera como me recliné hacia la puerta y lo estudié incisivamente un segundo, descifrado el asunto del falso peligro en que también yo había creído vivir todos estos meses. No creyó necesario contraargumentar por aquí, atacar ese punto. Se inclinó hacia la guantera, esperó con marcada calma a que quitara la mano del panel con el letrerito: *air bag*. Guardó esa posición un segundo para indicarme: ¿ves? ¿Ves como a pesar del joven insoportable y sabiondo que eres, te tengo paciencia? Riendo otra vez sus ojos. Y no me dijo —lo había esperado todo el día anterior, que me saliera con eso—, no me dijo: ¿qué hacías tú seduciendo a mi mujer? ¿Bailando con ella?

Sacó de la guantera una petaca de cuero suave que sostuvo entre el pulgar y el índice. Los puritos que lleva un hombre en un viaje de dos días en su interior acanalado. La colocó sobre mi regazo, regresó la vista al camino, consultó el velocímetro y la hora, demasiado ocupado para lidiar con mozuelos como yo. Dejándome la tarea de entender para qué la petaca y qué dentro de ella.

Un paño fino que extraje, halé y extendí sus puntas y sobre

el que rodaron, desde el fondo, unos cubitos de luz, unos trocitos congelados, unos como diamantitos de todos los colores y formas. Más y más grandes que los que había imaginado y más hermosos e increíbles todavía que los del collar. Gemas de color denso, preciosas piedras de color diáfano.

Su luz entrando a mis ojos, la más genuina expresión de asombro en mi rostro. A medida que se iba haciendo oscuro en la costa: verdes esmeraldas, azules del mejor zafiro, tiernamente lilas, rojos rubíes. Perdiéndome kilómetros de camino, barriéndolos por sobre el paño, incapaz de leer correctamente aquello, hojeando las páginas de aquel libro de piedra sin entender yo en qué pasaje entrar, si en este caso adecuada una exegésis literal de: peligro, joyas, mujeres hermosas; o una alegórica, alejandrina, de: peligro, joyas, mujeres hermosas.

Fui a decirle algo, fui a objetarle algo sin darme por vencido, pero en ese momento trinó su celular para indicarme que se me había acabado el tiempo, que mi turno pasaba al siguiente concursante. No conocía la respuesta, sin arma exegética, pasaje escritural, ayuda apologética para cubrir satisfactoriamente aquello, entenderlo. Se lo llevó al oído, la vista fija en el aire, en algo que le acababan de decir, un miedo pánico demudándole el rostro, reordenándole la expresión desde los ojos, bajándole las comisuras, quitándole sangre.

–Ya estoy llegando –susurró–. Cuelga.

Dándonos alcance los monstruos del escritor, saliendo en miríadas de entre las páginas del libro, alzando la maquinaria inmensa de sus cuerpos en el aire de la carretera, rodando a toda velocidad sus piernas de gelatina, proyectando en nuestra dirección las ventosas de sus bocas en uve. Al principio mismo de la invasión, recién desembarcados de Phobos, dispuestos a engullirnos y a quebrantarnos los huesos. Los virus que los matan, en el libro, todavía sin aparecer, sin rastro de ellos.

5

Si no recibieras de mí más que el conocimiento en detalle del libro, si no lograras recordar en tu vida adulta más que pasajes, frases sueltas, sería más que suficiente para penetrar el mundo con grandes ventajas. Sólo el libro te permite aprender a juzgar sanamente a los hombres, calarlos a profundidad, descubrir y entender sus más oscuros móviles, sondear el abismo de sus almas.

¿Por qué no me extrañó? ¿Por qué no me tomó por sorpresa que fuera Batyk el autor de tan inmenso timo? ¿Que fuera Batyk, como lo contó con orgullo, dando un paso al frente, quien concibiera el engaño que habría de ponerlos en fuga, alterar para siempre el curso de sus vidas? ¿Que fuera a él a quien se le ocurriera el monstruoso plan de hacerlos pasar, los diamantes de Vasily, por una partida de diamantes reales, de Yakutia (en Siberia)? ¿Que ideara, planeara y pusiera en práctica su venta a un par de mafiosos llegados a E* con el propósito declarado en todas las cantinas y bares de la ciudad de comprar esmeraldas y topacios, que corrieron la voz por entre los buscadores de esmeraldas y los ladrones de piedras de las factorías?

¿Por qué no me extrañó todo eso? Ni la noticia que escuché acto seguido para la cual no estaba preparado y que me pareció lo más absurdo y loco y delirante, pensé. Qué locos, pensé. Lo imposible de aquella historia que arrancaba en una entrevista que sostuvieron Batyk y Vasily con los forasteros, mafiosos (reales, éstos sí), sentados los cuatro hombres a la mesa minúscula de un bar, sin lugar donde poner los codos. Tenemos, se dirigieron a Kirpich, el único que mantuvo los antebrazos profusamente tatuados sobre la mesa, atornillándolo con la mirada, tenemos (mintieron) una partida de diamantes de aguas claras, que andamos buscando cómo vender.

A lo que siguió la historia inverosímil por fantástica y absurda, como encontrado en el comentarista, de cómo habían

84

dado con aquellas piedras, encontrado, por puro azar, una pipa de kimberlite, todo un yacimiento.

Que algo había llamado su atención, un destello en la espesura, le contó a los mafiosos que lo escuchaban boquiabiertos, había levantado de entre los guijarros, una piedra, un cascote de vidrio, un cristal azulenco, en que rompieron los rayos del sol que bajaban por entre los árboles y le hicieron comprender que tenía en la mano, que había dado, que estaba parado presumiblemente (¿presumiblemente? ¿Utilizó esa palabra: «presumiblemente»? Presumiblemente, sí) sobre la boca de toda una pipa de kimberlite, que aquello era un diamante.

Caminó en torno, la midió a grandes zancadas con sus botas de piel de reno (en realidad, nada de botas de piel de reno, aunque también en Buriatia, en fin). Coligió que aquello un yacimiento grande y sin explotar, la boca de una pipa que los árboles habían impedido descubrir a los agudos ojos de los satélites. Brincó de alegría, lloró de alegría y mintió, a Kirpich y a Raketa, que se había asustado acto seguido, sus pupilas corriendo por entre las rendijas de sus ojos rasgados, entendido que necesitaría la ayuda de un hombre blanco, de aquí Vasily, un doctor, un científico, un hombre blanco.

¡Eso dijo Batyk y eso le creyeron Kirpich y Raketa! Dos lúmpenes, dos gángsteres de ciudad que no habían tenido tiempo, en su infancia, a quienes sus padres nunca habían llevado a visitar Yakutia, ni Buriatia, ni nada que no fuera San Petersburgo y, ni ahí, el Museo Etnográfico donde hubieran podido conocer lo inteligentes y mañosos que pueden ser y son la mayor parte del tiempo –seis meses de sol y seis de sombra– los nenets, los yakutos, los buriatos. Capaces de explotar hasta el fondo cualquier pipa, extraer todos sus diamantes y, así mismo vestidos, con las falsas botas de piel de reno en Batyk, reales en los yakutos reales, viajar a Nueva York, concertar una cita con Ronald Winston, comer con los dedos en el Russian Tea Room, sin que a Ronald le importase un segundo, comiendo él también con los dedos, sacando fajitas de pollo, del plato de su amigo Urutai y de su amigo Bodonchor, yakutos.

Tan simples, les hizo creer, incapaz de tomar un avión, les mintió, de vender las piedras por su cuenta. Aunque la intervención de Vasily le había obligado a subir el precio, se lamentó con amargura, pero qué importaba, un yacimiento grande, mucho dinero.

(¿Seis millones y medio de dólares en efectivo? Salté entonces y los interrogué con la mirada: ¡¿seis millones y medio de dólares en *cash?!* Ahogué un grito y no les dije: ¿y mi dinero? ¿Mi sueldo? Ya metido, hasta el pecho, en la búsqueda de aquellos diamantes, ansiosamente.)

Eso lo dijeron en aquel bar y un mes después, sin aflojar un momento las cinchas del embuste, los habían llevado a cincuenta kilómetros de E*.

A un bosque que se abrió ante ellos como un paraje encantado: las estrellas vespertinas en el cielo, la escarcha todavía en marzo brillando como gemas en los troncos, la blanca nieve por la que avanzaron hasta una cabaña y una vez dentro, instalado frente al tablón de la mesa, levantó Kirpich y dejó caer sobre ella, con estrépito, un maletincito de cuero del que extrajo un martillito, dispuesto a someter a prueba los diamantes.

Que fue allí cuando temió Vasily, comprendió lo peligrosos que eran, el riesgo de todo aquello, en el momento en que distinguió con claridad (se le había escapado ese detalle en el bar) el sol tatuado torpemente en el dorso de la mano de Kirpich, un sol boreal lanzando sus rayos por entre la carne rosa. Sin una gota de arrepentimiento en la mirada, lleno de odio y turbios planes, Kirpich, ocho veces juzgado por violación y hechos de sangre.

Y en cuanto movió tu padre los diamantes por sobre la mesa hacia él, tomó uno, lo levantó y comenzó a golpearlos despaciosamente

Repujando muecas de satisfacción aquellos martillacitos en

86

toda su cara, hoyuelos como los de un infante a medida que martillaba toda la muestra perversamente, con la perversidad de que es capaz un ex convicto que ha soñado, inmóvil en su celda, con golpear: si caras bien, si diamantitos, mejor, mucho mejor. Quedó satisfecho (los había creado Vasily en habitáculos que excluían golpes de canto contra el plano de expoliación, frágiles allí), levantó su abollada cara de criminal (antes de los martillacitos), rió de modo que el oro de sus dientes iluminó los más alejados rincones de la isba. Habló y dijo: «Así mismo —y propinó un martillazo contra el tablón—, así mismo, en caso de que sean falsos *(que era justamente el caso)*. Dondequiera que se escondan.» Y se levantó e intentó irse, dejar bien presionada en la mente de Vasily y Batyk aquella amenaza, hizo por abrir la puerta que una tormenta que se había desatado y la mucha nieve caída en el plazo de unas cortas horas tenían atascada.

6

¿Haberse metido en la cueva del oro, hasta lo más profundo? Los miré sin querer creer en todo aquello. ¿Pero estaban mal de la cabeza? ¿No sabían que custodiado aquel oro por enanos que se pondrían en movimiento, correrían tras ellos en cuanto los vieran salir cargados con los lingotes? Leyó Nelly todas mis preguntas, asintió compungida, señaló con una rápida inclinación de cabeza a Batyk, el genio y la mente maestra detrás de tan brillante plan (burlona). Retomó ella el relato, lo prosiguió con una voz en la que había sorna e indignación por tan pésima idea y porque la historia no acababa ahí, como comprenderás.

Sino con lo sucedido meses después, cuando hicieron aquellos mafiosos (¡reales, Petia, reales!) por vender las piedras, el tiempo que les llevó sacarlas en tres partidas hacia Amsterdam y cayeron en la cuenta y comprendieron que aquel hombre, un científico, un hombre débil en apariencia (sin lentes, es verdad, con excelente vista y ojos de gemólogo, déjame y te comento), los había timado. Lanzaron allí mismo, sobre el piso de la joyería, un aullido de dolor, se revolvieron furiosos o intentaron mover sus tiesos cuellos de lobos jóvenes, en sus nucas los brazos de la policía holandesa. Como trenzados aquellos brazos con las mismas sogas que los atarían a galeras a bogar por los mares del mundo, en 1795 (al Jean Valjean del escritor) y ahora, hacía tan sólo año y medio, a ensamblar semáforos en Bijlmerbajes. Más sano aquel trabajo, batallando sus dedotes inmensos con los huidizos tornillitos. Soñando todo el tiempo que permanecieron presos acercarse a Vasily danzando sobre sus piernas, con esa falsa alegría de los criminales que parecen tomarse a chanza todos los trabajos, el que han planeado como una paliza incluido, a clavar sus botas con punteras reforzadas en las costillas de Vasily. No lo habían visto (se encendía y se apagaba en régimen de prueba el foco rojo del semáforo), no lo habían entendido y se habían dejado timar limpiamente por aquel científico.

Aunque piedras de primera calidad, fuerza es decirlo, que lograron colocar, una primera partida de prueba, en el Diamond Quarter de Londres y sin que ninguno de aquellos señores con sus patillas victorianas y chalequitos de punto los tomaran por malos. Todo lo contrario: el dinero que recibió su cómplice, Senka, un joyero aficionado y que les hizo llegar con la buena nueva los dólares que usaron para comprarse lindos maletincitos de duraluminio, los lujosos zapatos italianos que habrían de esperarlos en la conserjería de Bijlmerbajes.

Los mismos meses por los que Vasily (Batyk no, con un extraño gusto Batyk por *kilims* y alfombras persas, sin ojo para la ropa italiana) le sacaba arrugas a sus primeros trajes de cachemira cien por cien, inclinándose preocupado si descubría un pliegue nuevo, no previsto en el diseño y saliendo a la mañana siguiente a comprarse otro y más ropa para Nelly y tenicitos caros para el niño. O invitando, como me contó que lo hizo, a toda una mesa de parientes en el primer restaurante chino de E*, el momento datable, aislable, en que adquirió la mala costumbre de las propinas de a cien. Gastado casi todo aquel dinero en el mismo lugar del timo, frente a la entrada misma de la cueva, en E*.

¿Cómo, le pregunté a Nelly en ese punto, cómo imaginaron que podían permanecer todo ese tiempo en la ciudad después de tan gran estafa?

Habían tenido miedo, lógicamente, se habían acercado demasiado al borde, qué duda cabe. Temblando y sudando toda la noche que debieron pernoctar en la cabaña, temiendo Vasily y el horror de Batyk que terminara de dar vueltas en la mente de los lúmpenes el modelo a escala de una piedra natural y cayera ésta en su molde y ellos en la cuenta del timo. Pero lograron salir, abandonaron aquel lugar a la mañana siguiente por el mismo terraplén de hielo, gris y sucio, detrás del jeep con molduras cromadas de los hampones.

–¿Amigos? ¡Amigos!

Hasta que dobló el jeep, lo vieron doblar, aliviados, por entre una pared de pinos y se dijeron: ya está.

Sin gritar aquí, como en esos absurdos filmes en que se restriegan billetes por la cara. Tensos, fijos al volante, en una pesadez que sólo comenzó a diluirse al paso de los días. Y dejó tu papá de espiar la puerta por donde podían entrar, en cualquier momento, Kirpich y Raketa, los hombres que había visto dormir rudamente sobre aquel banco sin cepillar, atrapados los cuatro por la tormenta de nieve, los millones bajo la mesa. Porque se durmieron plácidamente los dos mafiosos, habían sido buenos, no habían volteado hacia este otro final de la historia: saliendo ellos a la nieve al aclarar el día, cerrando con suavidad la puerta de la cabaña. Otra vez el dinero en sus manos y dos cadáveres detrás, sobre el piso de tablas.

Lo tendrían que hacer ahora, dos años y medio después, en España y sin nieve donde ocultar los cuerpos.

Ya me lo había contado Larisa en el medio de la pista. Porque quise yo indagar qué era aquello de desastre (¡un fracaso!, ¡en bancarrota!, lo que había lanzado en aquella ocasión tu padre, confesado sin quererlo) y estaba a punto de preguntárselo en la discoteca cuando ella misma, en un momento en que Vasily salió al baño, me haló por el brazo y nos abrimos paso sin dejar de marcar el ritmo al centro mismo, bajo el estruendo de la música. Todo lo que me contó gritándome al oído, el asombro que me causó lo que oí, al punto que dejé de bailar y permanecí petrificado, zarandeado por los codazos y los embates de los bailadores. Yendo a buscar su oído a donde lo llevaba el desplazamiento de su baile. Y cuando me dijo esto me aparté y le miré a los ojos buscando la confirmación visual de lo que había escuchado. Y la volví a halar por los hombros y volví a decirle en otro rápido envío: ¡no puede ser! ¡Imposible!

¿Amsterdam?, le pregunté acto seguido. Y me respondió: lógicamente que no. He tenido que empujarlo a veces, a su casa, porque algo tiene que hacer, le he dicho, y no esconderse aquí, a esperar a que lo maten (pasé por alto, Petia, esa palabra, no podía estar hablando y haber querido decir: *muerte*).

Ni ser cierto lo que me contó sobre tu madre, que de ella la idea de irse a aquella ciudad rica, Marbella. El balneario en el que aún calculaba poner en práctica un segundo plan, más fantástico todavía. Que con sólo oírlo Larisa, lo que Vasily le contó, se echó a reír y rió también esa noche en la disco, al acordarse de cuánto había reído. Un plan que suponía esto: detrás Nelly misma de un mostrador, un pequeño taller de reparaciones en Marbella, un local o tienda para reparaciones de joyas. En el que le devolverían el oriente a diamantes nublados —rezaría el rótulo—, más azules ahora, más rojos, como el primer día. Estando los diamantes verdaderos, en el momento en que eran devueltas las joyas a sus dueños, bien lejos de allí, libres de los dientecillos del engarce y en ciudades como Bombay y Tel Aviv. Gracias a la habilidad de Vasily, que para ese entonces, dos semanas después, tres semanas pasadas, habría elaborado piedras en nada diferentes a los originales. Girando en las muñecas de sus dueños, brillando en las tiaras y en las pulseras de Cartier y lanzando destellos falsos, aunque indistinguibles al ojo. Jamás se darían cuenta sus dueños: brillantes de aguas y tallas idénticas. ¡Y yo –burbujeó con ruido Larisa–, yo la Reina de Saba y la Emperatriz de Rusia!

¡Sonsa!

Me chocó aquello, que hablara así de Nelly, fui a responderle, aparté con fuerza la cabeza de su hombro para mirarla e interrogarla, ¿no puede ser? ¿Nelly? Pero quedé, por esta misma operación, fuera del rango de su voz y debí acercarme a sus ojos (dorados, como esferas de cristal, bellísimos), y alcancé a ver en ellos, viéndola hablar, dónde radicaba el error de Nelly, de tu mamá.

No porque jamás se darían cuenta sus dueños, ni lo notaría el ojo más avisado de un joyero que hubiera sido invitado a una recepción en uno de esos yates inmensos. Y anclados mar adentro, al alargar su mano a la hielera y chocar por accidente con la muñeca o el antebrazo enjoyado de Rania (de Jordania), proferiría aquel joyero, lanzaría un alarido de: ¡alto ahí, mi reina! ¡Esas piedras son falsas! Jamás, aunque no se lo impediría la etiqueta ni su buena educación: un joyero puede ser las veces que tú quieras vulgar. Para empezar, nunca lo invitarían a un yate de ésos, jamás se codearía un simple joyero con Rania o con Theodora de Grecia, su índice señalando las turmalinas en el brazo de Matilde de Bélgica. Presentes allí sus ojos por un milagro, por un azar improbable, no responderían a los destellos de los diamantes de Vasily como ante una luz falsa, cegados sus ojos por el brillo similar, esmaltadas sus córneas por el intenso fulgor de las piedras, miles de plaquitas martilladas, rápidamente, en sus pupilas.

El peligro no aparecería ni atisbaría por entre esas plaquitas. No, Nelly (no, Petia), sino en esto: ¿cuántos alzacuellos, cuántos anillos, cuántos engarces invisibles de Van Cleef –sobre los que una piedra parece flotar, temblando sobre la red de oro–, cuántos de esos engarces dañados, cuántas piedras ennegrecidas u opacadas por los años? ¿Cuántos?, grité al oído de Larisa. Muy pocos en un año. ¿Cuántos saudíes, cuántos rusos, cuántos ingleses dejarían Carrera y Carrera, Boucheron, Bvlgari, por una tienda sin nombre? O bien podía verlos entrar, examinar las piezas expuestas y salir espantados de allí tras haber posado una mirada en Batyk, los enjutos brazos sobre el flaco pecho, su torva mirada.

Tendría Larisa mi misma edad, una mayor simpleza y la disposición larga de sus huesos, el sentido común que rebosaba de todo su cuerpo. La franqueza y la cordura con que se había reído de aquel proyecto. Pero Nelly había acumulado más sol en sus mejillas lo mismo que un ámbar del Báltico, que visto más de cerca, llevado a los ojos, contiene pequeñas figuras, inclusiones, accidentes biográficos, moscas atrapadas en la resina fresca, insectos que nunca debieron volar demasiado cerca.

De excelente ánimo entre aquellos dos soles, como un nativo de Tatooine con sus dos luminares, uno naranja y el otro azul. Volteándome hacia uno y hacia el otro (mentalmente). Una secta, unos adoradores del sol, en aquel planeta, ¿cuál de los dos escogería? ¿Qué hubiera recogido Sir James Frazer de sus labios ancianos? ¿Cuál de los dos soles, Petia? Yo no me lo planteé, no lo dudé un segundo. Me sentía más poderosamente atraído por el sol que había brillado durante más años en el espacio; mi adoración era mayor y no habría ni se libraba batalla alguna dentro de mí entre la secta que adoraba al sol joven y los adoradores del sol mayor.

SEXTO COMENTARIO

1

Indistinguibles a primera vista de un texto original los del apostillador, el comentarista. Que sometidos a un análisis isotrópico, leídos de derecha a izquierda, comenzando por la última palabra, a la manera de esos prodigios de memoria de la India, no se hallaría en sus párrafos fractura alguna, falla en la que la luz bajo otro ángulo, como en un cristal limpio. Sabiendo sin embargo, entendido por mí desde hacía mucho, que textos falsos, secundarios, construidos mañosamente en torno al grano o semilla de un texto primario al que capa a capa, de la suspensión prodigiosa de su memoria (eso sí), había ido rodeando de comentarios. Perlas cultivadas, micas moscovitas, cristales metamórficos, que terminaban brillando como con luz natural y para lo que disponía de textos muy bellos, gemas ajenas que no dudaba en trocear en lo profundo de su gabinete.

Toda una Biblioteca Pública a su disposición. Y no un hecho casual que buscara refugio en una biblioteca, en lo más profundo de sus laberínticos pasillos una habitación con la mendaz tablilla de no pasar o prohibido el paso y en la que examinaba satisfecho aquellos fragmentos o pedacería de textos. Un tesoro, la rica copia de piedras preciosas que llegarían hasta nosotros y serían admiradas sólo así, truncas e insertadas en sus comentarios. Consciente de que les aportaría el fulgor total de libro del que habían sido arrancados, de modo que entrando en él, nuestra vista, no hallara un quiebre de luz, igual coeficiente de refracción, exquisitamente engastados, ese su cálculo. Pero toparnos con un fragmento de ésos, de Baudelaire (página 103), de Maeterlinck (página 142), es como abandonar un camino de terracería, un tosco camino vecinal, para comenzar a rodar veloces por el asfaltado ideal de una autopista. Aunque pésima esta comparación o comentario mío. Ésta mejor: como esas naves de Skywalker que al ponérseles una mano encima, a la puerta de un bar intergaláctico, muellean blandamente y arrancan sin esfuerzo alguno.

Avanzando siempre mejor en aquellos tramos, y luego, otra vez: la pretendida parquedad, el prurito de la palabra justa y el engaño del adjetivo exacto. Sin una metáfora real, una imagen, nunca. Como dice el escritor de Flaubert, que no halla jamás en él (y yo tampoco) una buena imagen. Sólo esa lucha denodada con el texto, ese incansable pulir que termina secándolos o no secándolos: aceitados al máximo, los visos y el aspecto de cosa premeditada. Gestos en abstracto, arrebatos de papel, jamás unas manos llevadas al pecho en un arranque real de emoción, como cuando el escritor confiesa que ha llorado o que su héroe, en quien descubrimos un álter ego del escritor, de Soren K., ha llorado.

O el horror de abrir un libro y encontrar incrustado en su comienzo mismo un fragmento o piedra falsa del comentarista. ¡Piedra falsa sobre piedra falsa! ¡Adornándolo! ¡Supuestamente! Un escritor, por ejemplo, que dice: «como dice». O bien: «según las palabras de». ¡Y el texto, la semilla sobre la que erige su comentario es un comentario del comentarista. ¿No es abominable? Comentarios triples o cuádruples, comentario de comentarios que venden como infames fabricantes de piedras falsas...

2

Igual asombro en tu padre por la respuesta que le diste junto a la piscina una tarde que los miraba desde arriba sin saber que hablaban de mí y te preguntó atónito ¿de dónde? Al oírte ponderar las razones por las que un hombre no puede vencer la gravedad terrestre, por qué es imposible anularla. ¿De dónde tanta teoría, saber tan profundo?, inquirió. Y le respondiste: «Papá, no le asombren mis conocimientos porque me educa una persona que puede ser llamada la encarnación del intelecto.» Y alzó la vista entonces e intentó verme desde abajo intrigado por aquellas palabras: ese joven, ese extranjero, ¿la encarnación del intelecto?

Y mi turno ahora, porque el que yo había tomado al principio y sucesivamente por un guardaespaldas (uno malo, endeble), por «mayordomo filipino» y «jardinero japonés», había llegado dos meses antes que yo y también se estaba ocultando. Como ya te dije, como ya lo denuncié: de él había sido, de Batyk, la idea de timar a los peterburgueses, y era Batyk quien les había traído la noticia de la liberación de Kirpich y Raketa.

(Pausa.)

¿Pero también un científico ese tipo? Y sí, nada más y nada menos un experimentador muy dotado, alguien que había aportado sus conocimientos y prestado una ayuda indispensable en la producción de los primeros diamantes. Los que había fabricado durante años sin calidad de gema, frustrados siempre por la lentitud del crecimiento, hasta que un día, con una variación más suave del gradiente, refinadas las inclusiones metálicas, diamantes más grandes y mejores que los que nadie, nunca, en todo el mundo. Esos científicos en Occidente en sus laboratorios equipadísimos, con maquinitas en los pasillos para el expendio de chocolatines y galletitas. Ninguno de ellos. Sólo él. ¡En lo más profundo y desde lo más profundo!

Confiado, por aquella réplica de Petia sobre mis clases de física, que entendería yo (como en efecto entendí) la ardua explicación sobre su método para fabricar diamantes, el procedimiento que puso en práctica una mañana de invierno. Cómo los hizo crecer en la prensa de Feielson y siguiendo el consejo de Batyk, él también un físico excepcional (volví a fruncir el ceño aquí, Petia, no podía creerlo). Los arreglos y las mejoras que aquél introdujo en las piezas del yunque, la disminución, ¡fabulosa!, del tamaño, que había vuelto a la prensa virtualmente portátil, transportable en partes, desarmada.

Y la tarde que abrieron los pétalos del yunque y lo vieron en su interior, rutilando a través de la ventana que practicaron en la camisa o superficie sin brillo. Y por la que se asomaron y atisbaron maravillados: un diamante de color rosa intenso. Y entendieron que ellos los primeros. Diamantes coloreados, sintéticos, como nadie en todo el Universo (o en algún rincón del Universo quizá, un dios menor ocupado en esta sucia labor, Petia). Grandes y azules, redondos y rojos, translúcidos.

Y tú –volvió, en ese mismo tono de comprensión, al momento en el que nos había interrumpido la llamada a su celular–, y tú, tan inteligente, alguien que ha sabido explicarme a mí, a un científico, la paradoja de los peces de Bohm, con tus conocimientos y tus facilidades en español...

¿Debí interrumpirle, Petia, explicarle o aclararle que el español era mi lengua materna?

... ¿cómo no se te va a hacer fácil lo que para mí ha llegado a ser impracticable, una situación sin salida?

En el sentido de sin salida los diamantes, las veces que fue a esas ciudades y se había parado frente a las vitrinas de Böhmer y Van Cleef & Arpels (joyeros) sin atreverse a entrar. Su silueta contra el cristal como en ese dulcísimo pasaje del escritor con Odette de Crécy (la fragilidad de sus cejas arqueadas, sus lindos ojos en negro), desayunando en Tiffany, hartándose con el brillo de las muchas joyas expuestas, en la 5ta y la 57, soñando con todo aquel dinero, las pulseras y los dijes que se compraría si rica alguna vez.

Y acto seguido, despavorido:

¿Qué me mantenía allí, Petia, qué me mantenía allí, en medio de la torpeza de tu padre, de la increíble mala voluntad de Batyk? ¿Tu madre? ¿Sus hombros? ¿El dinero que me había dicho que terminaría llevándome de allí algún día, antes de dejar Rusia, ese increíble sucio país y a los rusos, mis increíble sucios amigos?

3

Dejó rodar hacia mí ese bulo o engaño torpe, tu papá, lo empujó hacía mí como un escarabajo pelotero una bola de estiércol o como una hormiga amazónica su burbuja de légamo, el iris transfigurado, agrandado por la excitación con que esperó la reacción en mi rostro, de comprensión o anuencia a su burda propuesta. Con esta única lectura aquí: engaño, trampa de la cual no lograría jamás sacar la cabeza, que vendría a lamentar durante muchos inviernos, despertándome con frío en hoteles de quinta, preguntándome ¿cómo pude?, ¿cómo me avine aquel día a aceptar su encargo, la trampilla por la que caí, descendí irremediablemente, tropezando y pegándome con todos los salientes hasta este cuarto de hotel?

Una decisión para la que no me bastarían todos los años de mi vida para arrepentirme. Que me alcanzaría y atravesaría limpiamente todos y cada uno de mis días en el futuro. Y le dije: no.

Lógicamente que no.

Jamás aceptaré convertirme en vendedor de tus piedras, en corrector, en esencia, de tus torpezas, Vasily (así, con estas palabras).

Torpezas de las que no tenía noticia hace unos meses y con las que no guardaba relación alguna o vínculo estable. ¿Por qué moverme hacia ellas ahora? ¿Por qué entrar a ese brazo del destino por el que debería correr siempre, ocultarme, escurrir el bulto, mi retrato robot en todas las sucursales de Graff sobre las 48 caras de un brillante impreso al agua?

¿Haber concebido y haber planeado desfalcar a la mafia? ¿En qué universo creían vivir? ¿En un universo membrana? ¿La formación porosa que les permitiría atravesarlo cargado con los millones y dejar del otro lado, filtrados por indeseables, a Kirpich y Raketa? ¿Incapaces –eso pensaban– de darles alcance, salvar el filtro? Y no: habían Kirpich y Raketa aguzado su ingenio, se habían comprado, ellos también, bonitas camisas de telas caras, afinado sus modales, aprendido a moverse con sutileza, atravesando los más diminutos poros de Occidente. Que de ser vistos, por ejemplo, en el hall de un hotel estudiando, especiosos, un horario de vuelo, jamás serían tomados por matones, por personas con automáticas en sus sobaqueras. Borrado e invisible de sus rostros todo el sufrimiento, las muecas de dolor de los viejecitos que habrían torturado, invisibles las lágrimas de las jóvenes tenderas a cuyos diminutos kioscos entraban y de quienes pretendían ser amigos, forzándolas a conversar por varias horas, obligándolas a hacerles un lado en los estrechos jergones, el dinero que ellas les entregaban casi voluntariamente abultándoles sus bolsillos.

¿Qué les había hecho creer, qué les había sugerido, cómo había imaginado que correría yo a joyería alguna fingiendo ser un joven africano, un ex guerrero de esas contiendas de África, repleto los bolsillos de diamantes de Namibia o de Zimbabwe? Tan claro como el día que me meterían preso al momento, no importa que mi español. Y nadie. Jamás. Abandonado. No iría Nelly a verme los miércoles, pongamos, o los jueves, en su vestido rojo. A colocar la mano en el cristal y moldear con sus labios un: te quiero. ¡Te quiero nada! (Ni a eso iría.) Aprendería yo, en cambio, toda suerte de palabras en árabe con mis amigos de Meknes (en Marruecos): odio, dolor, soledad e imbécil (¡Ésa!). Arrastraría mis pies y sostendría a la altura del vientre el plato con la sopa en el que vería –como en un espejo de tinta– la vida de lujo con jeeps 4×4 que seguirían llevando afuera, riéndose de mí, de lo tonto que había sido. ¿Me habrían contratado sólo para eso? ¿El pretexto, plausible, de la tutoría?

Mintiéndome además en sus visitas que ellos igual, que desesperados lo mismo. Aunque vería: más dinero, inexplicablemente; más joyas, más gargantillas en su cuello, sin que la producción de Vasily hubiera disminuido y habiendo dado de algún modo con la manera de venderlas o habiendo llegado a algún arreglo con la mafia local. Mintiéndome también en sus cartas: «Seguimos, querido Psellus, sin poder colocar nada. Sé que te debemos (¡seis meses de sueldo! ¡Seis meses, Petia!), pero por ahora nada podemos hacer.» Tres párrafos más de mentiras. En el sentido, para el cierre, de «siempre nos acordamos de ti y si vieras lo bien que ya habla Petia español». Cosas así, pura falsedad en los labios de tu mamá y como si Batyk hablara por su boca ese día de la entrevista y desde las hojas de su carta, siempre.

Y estaba también esto, Petia: no podía condenarlos, me daban pena Kirpich y Raketa. A quienes pude muy bien haberlos visto o conocido en aquella ciudad, San Petersburgo, en la que también había vivido. ¡Pobres Kirpich y Raketa! Regresando contentos a sus apartamentos en Pionérskaya o en Vasiliostróvkaya, al costado de sus mujeres, acariciando la cabeza rubia de sus hijos, diciéndose antes de acostarse como yo mismo me había dicho muchas noches: «¡Un buen negocio éste!» Imaginando, como yo mismo había imaginado después de una venta exitosa, las cosas que se comprarían con aquel dinero: bonitas y gruesas cadenas de oro (jamás habría imaginado algo así), pieles para su esposa, Nintendos para sus niños, casas con piscinas en el Sur. Todo lo que se había comprado Vasily, tu padre. Todo imaginado con el mismo mal gusto por aquellos ladrones en San Petersburgo. Y el despertar, Petia, el duro despertar, cómo intentaron correr en Amsterdam, los dos años en prisión que debieron purgar, troquelando y retocando a mano señales de tránsito, imaginando y sabiendo, con escalofriante exactitud, de qué modo tomarían venganza.

Podía detenerlos, su paso a mi cuarto. Explicarles: los entiendo, caballeros. Fueron engañados suciamente, no es algo que apruebe. Si a mí, en su momento, mercancía en mal estado, un timo así, incomparable, claro está, con lo que les han hecho, en el momento en que sacaba mis alforjas, aflojaba sus cintas y decía: verán ustedes, señores, de una calidad nunca vista ¡y viendo y hallando que nada en mis valijas! Pero muy pocas veces, las veces que vendí algo, como toda Rusia, en 1991, en 1992, en esos años. Como un joven diletante, capaz de comprar unas botas en Moscú y venderlas en San Petersburgo, en la misma estación con una diferencia que cubría el boleto de tren. Cosillas así, Petia, e imagina ahora, velos abriendo los paños negros, los hatillos de diamantes, especiosos como ladrones y descubriendo, con un grito de dolor, con un aullido de fiera, ¡que eran piedras falsas!

4

¿Recuerdas que te hablé de ese filme, *The Matrix*, de lo increíble que pudiera haber visto el escritor con decenas de años de antelación la ristra de puños, los hombres levitando, detenidos milagrosamente en el aire? Aunque no iremos al cine, el cine es malo. Considera, por ejemplo, el efecto de Hollywood en tus padres (su insoportable mal gusto), el miedo que terminó por instalar en mi alma esa escena terrible de la golpiza en el metro, que no lograba apartar de mi mente. Imaginando en las noches inclinado piadosamente sobre el pupitre –estudiando mis apuntes de clase– los aullidos de dolor de tu padre, los gritos de auxilio que lanzaría tu madre corriendo y buscando refugio por toda la casa. Cubriéndome yo las orejas, pretendiendo no oír aquello. Abierta la puerta de mi cuarto en señal de que yo no, señores, nada que ver con todo esto. Pasen, tutor del niño, o preparando aquí unas clases, leyendo.

El pánico en que me sumí durante muchos días, el peligro que respiraba en el aire hasta que una tarde asomado a la ventana, atalayando por si venían los asesinos, caí en la cuenta de que falso todo aquello. El árbol que crecía en la punta de la playa y no había visto hasta ese día. Diáfanamente: una historia inventada de cabo a rabo, con el fin manipulador y turbio y cenagoso de que vendiera los diamantes.

¡Falso todo, Petia, de principio a fin! No había tales Kirpich y Raketa, jamás habían timado a nadie, pura actuación el miedo de tu madre, ¡como en el cine! Usado y canalizado mi amor por ella, mi patente amor y honda simpatía hacia ella, para obligarme a dar aquel paso.

Se habían puesto de acuerdo, habían planeado los tres, Batyk incluido, que desapareció misteriosamente el día en que dimos el segundo paseo, engatusarme nebulosamente, soltar en torno a mí –un niño anímicamente no mayor que tú– una espesa nube de tinta y engaño, sabiéndome incapaz de leer correctamente las retorcidas mentes de tres adultos, permitiéndoseme bailar muy cerca de ella, el calor de sus pechos a través del vestido. De lo tibio de sus brazos al miedo a que me ultimara por haber estado seduciendo a su esposa.

Y luego, sin haberme repuesto, ¡zas!, la mujer más linda, la rubia más hermosa, la joven tan simpática en cuya cercanía terminaría de ablandarme. Y así, desmadejado, adobado previamente por la revelación de los diamantes artificiales, aceptar venderlos, perdida la mirada y temblándome el pulso.

Y si faltaba, si percibían alguna dureza residual en mi cuello, el golpe de efecto de la llamada, el engaño de los monstruos de Wells y Welles dándonos alcance.

Que hacia acá esos hombres y nada los detendría.

Indagué: ¿y si les devolvieran el dinero, no se contentarían con ello? ¿No ganaríamos por último, y lo más importante, tiempo, Nelly?

No lo quieren de vuelta, fue su respuesta, nos quieren muertos. No alcanzaríamos, además, a vender tantos millones. Aunque tampoco es la idea, no te queremos afuera vendiendo tantas piedras, tan sólo las necesarias, el dinero suficiente para volar a América del Sur, instalarnos allí.

No los acompañaría hasta allí, Petia, de vuelta a mi tierra natal por todo aquel asunto y sufriendo y lamentándome luego, muchos inviernos después, en aquel cuarto de hotel. Y entonces, llegado a este punto de mi reflexión, el árbol me explicó agitando sus ramas:

—¡Bien, muy bien! Lo que has discurrido es la explicación veraz, la lectura ajustada, la glosa correcta, de toda esa parte del libro, de sus primeros capítulos o comentarios, no otra. ¿O leer como real aquella ficción, toda la historia del timo, algo tan imposible, ese cuento con asesinos? Falso, Petia, falso, Vasily, y, perdona, falso, Nelly.

No había tales asesinos, no nos amenazaba ningún peligro, malévola acechanza y sí la torpeza infinita de tu papá, Petia. Las veces que había intentado vender los diamantes y no había sabido hacerlo, quedándose con Larisa, frente a sus pechos de alabastro, como un joyero moderno que escoge madreperla, ópalo y cuarzo donde antes otros sólo diamantes. ¿Para que, se diría, para qué diamantes, si aquí, labios de granate y mejilla nacaradas?

Nada de asesinos. Ya podían, Petia, no haberme mentido, montado tu mamá aquel teatro de su miedo. Inventado de pies a cabeza todo aquel asunto ante mí con el único —y ahora claramente discernible, en las ramas del árbol— objetivo de que vendiera aquellas piedras.

5

Ahora bien, del mismo modo tomé por falsa la aseveración del comentarista de que no tenían los antiguos una palabra para el azul, que no distinguían los matices del azul y era para ellos el mar un manto rojo, *el mar de oscuro vino,* me resistí a creer en la realidad de los asesinos, los tuve por un cuento ingeniosamente armado por tus padres con el único y patente fin de hacerme vender los diamantes. Hasta que lo escuché, una mañana, el sonido y el fragor del mar cambiando de color. Como se detuvo se maquinaría, pesadamente, dejó de bombear azul el motor que lo ponía en movimiento en lo profundo del océano, y adquiría, todo el mar, su superficie, aquella coloración imposible.

Había pensado quizá de ese color vino por algún ingenio óptico, estudiado a través de un prisma, un diamante sin tallar. O bien coloreado por la nostalgia, la tristeza, las palabras que el escritor confía a su diario en Balbec, suspirando sin consuelo por la duquesa de Sanseverina: *«¿Por qué el espectáculo del mar es tan infinito y eternamente agradable? Porque el mar ofrece a la vez la idea de la inmensidad y del movimiento. Seis o siete leguas representan para el hombre el radio del infinito. He aquí un infinito en miniatura. ¿Qué importa si basta para sugerir la idea del infinito total?»* Una anotación en azul, *blue,* nada de rojo y sin que me sintiera tentado, ni por un segundo, a mirar por la ventana, comprobarlo ocularmente. Algo que sería ensayar, sin embargo, experimentar. Más expedita e inobjetable la autoridad del escritor, pulverizado ese *mar de oscuro vino,* con la grandeza de ese pasaje en que habla de su azul insondable, de su *espectáculo infinito.*

Vencido mi miedo, Petia, completamente. Escuchando, más calmado, música por las noches, un único disco. Dormía mejor con aquel disco, lograba conciliar el sueño después de haberlos creído tan cerca, a los monstruos del escritor, que los imaginé flotando en la oscuridad, espiando por la ventana del cuarto. Y apagaba la luz, y escuchaba, antes de dormirme, un disco sobre el que he dudado si referirte esta historia. Que en el Dresde de 1947 el plenipotenciario de Rusia, un noble de apellido alemán, sufría de un severo insomnio (aunque nada haya en Forkel ni Spitta sobre las razones de su angustia...). En mitad de la noche era llamado Johanes Goldberg, un discípulo de Bach, a la Vogelstrasse, al edificio del Estado Mayor. Se le pagaba un taxi, se le premiaba luego con generosas propinas, debo imaginar. Subía presuroso Goldberg a los aposentos del conde, tomaba asiento frente al clave en una esquina de la amplia recámara. Comenzaba pulsando la canzona que el comentarista, falsariamente, atribuye a un autor anónimo francés y no a la divina inspiración de Bach, el más grande que haya habido nunca, un músico a los músicos lo que el escritor a los escritores.

Salía del clave y entraba al oído de Keyserlingk la cascada de la primera variación que escuchaba atentamente sin entender jamás su formulación matemática. Tal vez cerraba sus ojos a los primeros acordes, entrechocando ansioso las rodillas durante varios cánones fugados. Dresde o Leipzig toda bajo su mando: las tropas rusas acantonadas en aquella ciudad traficando con alfombras y relojes pulsera, deseando él ardientemente regresar a casa, o no, no sé. Alzaría el párpado, estudiaría la enjuta espalda de Goldberg, sus delgados brazos abriéndose y cerrándose sobre el teclado. Un judío, como su apellido lo indicaba, un sobreviviente de Auschwitz, que el conde escuchaba enjugándose las lágrimas, compadecido de la amarga suerte del joven, a cientos de kilómetros de casa. Hasta que un profundo sueño lo vencía, se dormía en la variación quince, que es un canon invertido. Lo sé porque yo, que primero tuve un acetato, jamás lograba pasar de ésa, no alcanzaba a levantarme de la cama y voltearlo. A partir de la dieciséis tenía el sueño garantizado.

No sabía, ¿puede creerme?, que se le atribuían a esta pieza cualidades somníferas. Fue un descubrimiento fortuito, aunque me quedaba dormido al final de la primera cara, invariablemente, de modo que durante años no conocí bien las últimas variaciones. A veces lograba voltearlo, al disco, pero para despertar, de todos modos, en el momento en que se retoma la canzona, tal y como comienza, con el mismo aire lento o majestuoso. Debía levantarme, apagar el aparato, pero prefería no hacerlo angustiado por la oscuridad, en la zozobra de la alta noche. Seguía el disco dando vueltas, el ojo estroboscópico contando incansable las muescas, un modelo de los ochenta, ya no existen, la aguja avanzando hacia el centro del disco.

¿Qué había querido decir con eso del *infinito total?* Girando en medio del silencio, dándole vueltas a sus palabras hasta que de pronto, un estruendo como el de un mar que cambia de color, pensé. Un rugido, la máquina del mar detenida primero y echando a andar furiosamente acto seguido, una áspera discusión como en algarabía, ininteligible. Salté sobre mis pies la vista en la ventana: aquí están, imbécil, ¿un sábado por la mañana? Un sábado por la mañana. Aquí están, imbécil, corre y sálvate.

6

Desde lo alto de la escalera, temblando en la luz de la claraboya, seguro de que me habían visto, que no les había pasado inadvertido lo que resbalé por las baldosas del pasillo y cómo debí detenerme de golpe, consciente de que sin otra vía de escape, bloqueada la única salida a la calle, temblando en la luz de la claraboya. Las voces de aquellos hombres, membrudos como aqueos. Uno, que podía ver de espalda, el breve bronce en su diestra hendiendo el aire, ponderando en voz alta a quién dejar con vida y a quién degollar: esta cabeza, esta otra (la de Batyk), la del niño (¡adelante!), ¿pero la mía? ¿La del preceptor? ¿Con qué objetivo? ¿Qué sacarían con ello, Kirpich y Raketa, que no otros eran los hoplitas cuyos hombros asomaban bajo el quitón?

La violenta discusión ante los oídos poco receptivos de sus víctimas, abiertas sus gargantas, dispuestos en círculo por toda la sala como espectadores complacientes o como títeres enormes, que llevarían luego al maletero del coche sin cuidarse de que se pegaran con las losas del porche, con la escalera, sordamente.

¡Sin cuidarse de que se pegaran porque estaban muertos!

Paralizado por el ruido de la violenta discusión, sin atinar a moverme, hasta que hicieron silencio y uno de los asesinos, la mujer, se volteó hacia mí, elevó hacia mí los ojos, me descubrió en lo alto de la escalera, preguntó sin volverse del todo:

—¿Cuál de los dos tiene razón?

La miré un segundo sin haber salido de mi miedo y sin lograr ocultar mi sorpresa. Bajé hasta ella, busqué en sus ojos una explicación a aquello y entonces, saliendo de la figura que la había irritado tanto, la de su esposo, posó en mí sus ojos, Nelly. De un tinte malva ahora, como esferas que contuvieran un líquido oscilante, un mar en miniatura con oleaje y un velero meciéndose sobre sus aguas de seda.

Visión ésta del mar y del velero que hace al preceptor caer de rodillas y alzar los ojos arrobados. Otro preceptor en otro libro, pongamos. Yo no, yo le sostuve la mirada, aunque sin atinar a explicarme de dónde aquel líquido y de dónde aquel velero... Levantó Nelly una mano hacia mí, llevó hasta mis ojos los círculos blancos de sus pulpejos. Descubrió, incrédula, el efecto que sus palabras habían tenido en mí. Lanzó una carcajada.

Sobre la que el mismo escritor malo, un epígono del comentarista, un glosador sin fantasía, anotaría que tuvo el efecto de romper el hechizo, deshacer el encantamiento, anular el sortilegio, pero que aquella mañana, en la realidad del libro, hizo que los cristales que llenaban el jardín recogieran toda la energía de su carcajada y se adensaran todavía más, multiplicándose frenéticamente, creciendo por toda la casa. Aprisionándome.

Volvió a preguntarme Nelly:

—Tú, que nos has escuchado —no los había escuchado, la había escuchado sin entenderla, resistiéndome a entenderla—, ¿cuál de los dos tiene razón?

El significado del libro no debe ser alterado por interpretaciones acomodaticias, como las que aventura en sus deleznables comentarios el comentarista. No torcido por las interpolaciones oportunistas que practicó en lo profundo de aquella biblioteca pública. Verla y oírla discutir con aquel tono de voz, entender luego con absoluta claridad su pregunta y verme compelido, antinaturalmente, a darle la razón, me hizo comprender cuánta inteligencia puso el escritor en este pasaje en el que no hay asombro o desconcierto, sólo la fuerza de un hacha que cae y golpea. Sin que jamás haya cedido a la tentación de agregar palabras, añadidos que jamás notarías, Petia. Manteniéndome franco y distante en mi respeto, usando mis labios sólo para darle voz a las palabras del escritor sin caer en la herejía, tan frecuente en el comentarista, tan esperable en él y no por eso menos recriminable, de interpolar sus glosas, como cuando retuerce y violenta oraciones de escritores menores con el fin expresado, y, viniendo del comentarista, falso, de extraer algunas gotas de sentido, interpretarlo.

Dejándome siempre sorprender, rindiéndome ante la grandeza de imágenes del escritor. Porque alguna vez también me he preguntado, ¿cómo solamente un puño? Aun siendo mucha la fuerza con que te pegase, ¿lograría despertarme como en el escritor?: *Si el libro que leemos no nos despierta como un puño que nos golpeara en el cráneo, ¿para qué lo leemos?* ¡Claro y hermoso y de una fuerza, Petia, incomparable! Pero tan sólo un puño. Me he acercado (mentalmente) a ese puño, lo he abierto, extendido sus dedos e introducido aquella mano en un guantelete de hierro. A que quedase así: *Si el libro que leemos no nos despierta como un puño* (enfundado o envuelto en un guantelete de hierro) *que nos golpeara, etc. ¿Lo ves?* Pero innecesario porque su formidable intuición, porque volvió otra vez sin necesidad de quitar aquel puño y sin necesidad de enfundarlo en nada, con un hacha que levanta y deja caer con toda la fuerza que falta en el puño. Y aun con más: *¡Un libro debe ser como una hacha que rompa el mar congelado que tenemos dentro!*

Es decir, primero esto: *Si el libro que leemos no nos despierta como un puño que nos golpeara el cráneo, ¿para qué lo leemos?* A lo que sabiamente añade: *¡Un libro debe ser como un hacha que rompa el mar congelado que tenemos dentro!*

¿Cómo escribir, entonces, simplemente: «las palabras de tu madre, haberla oído y entendido al momento su plan, la envergadura e insania (incuestionable) de su plan, me dejaron de una pieza, tal fue el asombro, tan grande la impresión»? No. Destruyeron sus palabras, y astillaron todo lo que débilmente había pensado sobre ella y tu papá, la mansión o el Castillo. Con absoluta limpieza.

Como siempre puede decirse del libro y de sus palabras sobre el *puño* y el *hacha*. Que no sólo es claro, sino también sencillo y sobrio. Sencillo porque se entiende sin dificultad; sobrio porque apenas emplea más palabras de las necesarias (no pone, por ejemplo, el guantelete erizado de púas). Y unívoco porque quiere decir y dice una sola cosa (lo que impide lecturas divergentes). Quiere decir: absoluto asombro, total desconcierto de mi parte. Quiere decir: sus palabras, los detalles de su plan, cayendo sobre mí con la fuerza de *un hacha*.

¿Cuál de los dos tiene razón? o ¿de quién es la razón?, me preguntó.

Tú, lógicamente debí decirle.

—Tuya, lógicamente —le dije.

8

¿O mentirte, Petia? ¿Contarte que ya me había decidido a dejar la casa aquella primera tarde, salir no veinte minutos después de la inspección inicial, como en el escritor, sino tras la primera semana, disgustado por el brillo insoportable de los muebles, por las falsas panoplias con espadas, cuando vi a tu mamá junto a la piscina y cambié súbitamente de idea? Lo mismo en el escritor en ese episodio en el que ha estado buscando alojamiento en varias casas de un pueblo en Nueva Inglaterra y ya planea irse cuando descubre a una jovencita, una *nympheta* de escasos doce años sobre el césped, una niña con un nombre español, por cierto.

Se ha hablado mucho sobre esto. Sobre cómo representa esa niña, con su irresistible candor, a Amérika y cómo el escritor, un cincuentón emigrado en ese libro, el IV, queda encantado, inmóvil ante la visión de su *espaldita color miel* (así dice), con lo que transmite, con todo su comportamiento, la atracción (o se sirve el escritor para transmitir a través de tal comportamiento), la atracción fatal que ejerce la vulgar y joven americana sobre su alma de europeo estragado o desencantado y viejo.

Podría mentirte, voltear mañosamente este pasaje, decirte que había decidido irme tras la primera semana asqueado por los imposibles muebles de tus padres, por el peligro que respiraba en el ambiente, las dagas en el aire, pero me detuvo la visión de tu madre en bañador junto a la piscina, con lo que estaría transmitiendo o no pudiendo mentirte en esto: que a la inversa del personaje del escritor, de Humbert, quedé inmóvil y en total arrobamiento ante las piernas todavía jóvenes y llenas de sabiduría de Europa, yo, un joven americano. Que tu mamá aquí, con su apellido compuesto, los lunares negros en su pecho, representaba los encantos de una antigua civilización, pero todavía gozable, llena de jugo. Y que yo, un torpe y joven americano, representaba la vulgaridad y la torpeza, aunque lleno de ímpetu y demás. Como mostrando el envés de la trama (del escritor).

Y lo que le dije, y el hecho de darle la razón sin haber todavía entendido a cabalidad su plan, saber con exactitud de qué había hablado y movido más bien por mi simpatía hacia ella.

Pero una vez que me lo hubo explicado (y lo hube entendido), le dije:

—En el escritor hay unas palabras para esto, Nelly: una *idea descabellada*. Una idea que, dado el caso y aun habiéndosele pegado con un mazo guerrero, no puede ser tomada por el pelo, arrastrada fuera del campo de batalla, del lugar donde aparece o surge de improviso, de modo que queda allí, *descabellada,* sin aplicación alguna porque se resbala de las manos que buscan asirla. ¿Ves? (Avanzamos por entre la hierba crecida y se la mostré, su *idea descabellada:* los labios de un grana subido, esmeraldas en lugar de ojos, una muñeca fuertemente pintada entre las flores del prado.) ¿Cómo sacarla de allí, cómo ponerla de pie para que se mueva y hable con la fuerza y la sapiencia de una muñeca mecánica? De ningún modo, se me va. Se me resbala. ¿Ves?

—Aunque sólo por eso *descabellada.* La idea es excelente, la tuya, la que has discutido con Vasily...

Entonces me dijo y me argumentó algo, que entendí y me dejó sin habla.

Arrobado ante su inteligencia. Que es donde dice el escritor con palabras de Apiano y refiriéndose a Cleopatra VVI, última de los reyes Ptlomeos: *Él* (Julio César) *la miró como si no fuera sólo una maravilla de belleza sino a la vez de habilidad.*

O lo que es lo mismo: salir de allí sin un segundo de vacilación. Hacia el jardín y en él, hacia la calle, a tomar un taxi que me llevara a Puerto Banús. Sin una idea clara de lo que debía hacer, pero en el sentido patente y diáfano y único, Petia, de irme, huir de allí.

Porque lo que da al libro su grandeza, lo que lo hace único e irrepetible es que es una máquina de pensar, el mayor conjunto de instrucciones jamás escrito. Y puesto todo en la amable forma de una novela con personajes cuyas vidas y peripecias nos preocupan, te conmueven. Pero que, al entrar tu cerebro en contacto con la superficie codificada del papel, te proporciona siempre la solución más acertada, la más sopesada y eficaz por

110

su inteligencia: huir lo más pronto posible, ahora mismo. Sin el dinero, pero a salvo.

9

Conectándose mis manos y mis pies con todos los lugares adonde podía probar suerte, a salvo de su insania, lugares con mar. El bote que se balanceaba fijo al muro por una argolla. Las piedras que saqué y estudié sobre la espuma. Lamentándome: todo el dinero que pude ganar con ellos, obligado ahora a dejarlo todo. Los aviones que veía bajar a lo lejos, a posarse al Pablo Ruiz Picasso y que debería tomar, uno de esos aviones, para volar de aquí.

Regresando luego a la hora escasa, a un café del Paseo Marítimo, el crema pálido de los manteles, aquietándome. ¿No estaría huyendo o pensando huir, me dije, del mayor golpe de suerte, de la fortuna más inmensa, puesta a mis pies por la mujer que amaba? Como si sentado a la mesa, sorbiendo distraído mi té helado, me hubiera hablado tu mamá materializándose en el aire. La cabeza parlante que interpela al héroe en lo alto de un peñasco, le ayuda a desentrañar el misterio, le augura que por fin, para mañana, el fuerte viento que hinchará sus velas. O como si y para mi infinito asombro hubiera comprendido ¡que entendía el canto de los pájaros!, el parlamento que sostenían sobre el toldo del café. El caballero que mata al dragón, se baña en su sangre y descubre, perplejo, que entiende el canto de la alondra, decodifica su piar con la agilidad con que un operador Morse ausculta el éter, descifra a toda velocidad las coordenadas de la cueva, las palabras sin sentido del santo y seña.

Corriendo a salvarla, al Castillo. Entendido todo, habiéndolo entendido todo, Petia, el genial plan de tu madre. El gigante o grandullón que olisquea un ramo de margaritas y corre destruyéndolo todo a su paso, el globo diminuto girando a sus pies. Capaz de cubrir en un suspiro la distancia que me separaba de su rostro, las ventanas inmensas de sus ojos como en un rostro apuntalado de Dalí. Riendo ella también, restallando al viento su pelo como oriflamas, mechones adorables en realidad, color miel. Mi euforia, toda la alegría de esa noche en estas palabras que Bloch, el sabiondo, atribuye falsamente a Avicena. Que el amor es una enfermedad semejante a una alucinación, la cual se parece a la melancolía... En ocasiones trae consigo lascivia, en otras no. Los síntomas de esta enfermedad son: los ojos del enfermo se hunden, están secos, las mejillas se mueven constantemente. Tal persona ríe sin causa alguna.

Riendo yo sin causa alguna. Como si un grupo de jóvenes escondidos en los pliegues de mi cara, entre los músculos lisos y sin doble anclaje de mis mejillas, los halaran a una orden y me hicieran sonreír contra mi voluntad que era no reír (por temor a que Vasily, tu padre, descubriera mi secreto). De modo que mi cerebro, por esa acción mecánica, recibía de vuelta la neuropercepción de una sonrisa, al tiempo que otra cuadrilla tiraba los músculos de mi espalda, me levantaba como a un coloso de feria o una torre de asalto, por mil cuerdas, frente al rostro de tu madre a lanzar el puente por el que fácilmente podría acceder a la ciudad interior, adentrarme en ella. Seguro de que había dado ella con la solución perfecta ¡como hallada en el libro!, riendo a carcajadas, absurdamente confiado. Viéndonos salir de allí vestidos como para una tragedia griega, ataviados con túnicas, graves los rostros, enjoyados los dedos. Todo en el escritor, fácilmente entendible. O como en Mozart.

Un tema que Mozart escogió para una ópera, ¿no es un buen tema? El de la impostura lo es: Mitrídates, el impostor, en una tierra que hoy es Rusia. Vasily a la cabeza como un Rey o como Zar, como el pretendiente al trono de Rusia, ¡no menos que eso! Sólo así. A salvo del peligro que nos acechaba y había sembrado de hielo el Castillo, los jardines del Castillo, que debió romper el escritor con su enorme sabiduría y fuerza. Por aquí.

112

Segunda parte

SÉPTIMO COMENTARIO

1

Y este otro defecto (no usaré más esta palabra con relación al libro, es inexacta: no puede hablarse de defectos del libro): he pensado, como lo caviló otro gran escritor anterior al escritor, Milton, que todo gran libro merece un gran tema y he meditado que la falla del libro, su única falla, es no haber construido su historia en torno a la vida y a las hazañas de un Rey, sino en torno a la vida menor y sin brillo de Swann, un gentilhombre, y todavía más bajo, en torno a la anémica existencia de Saint-Loup y a la estéril del barón Charlus, meros burgueses, nobles menores. Ninguno un Rey, no un Rey. Una falla en la que ningún doctor en el libro ha reparado, por grande que es.

Porque el tema de un gran libro, porque sólo la vida de un Rey, colocado en su centro, aunque para eso hiciera falta construirlo, expresamente. Sólo así deberá cerrar una literatura, cumplirse un ciclo, no con los comentarios secos, sin lágrimas, del comentarista. En su lugar, la historia templada de pies a cabeza en torno a la figura de un Rey, la barba trenzada bajo los ojos de piedra: la prestancia y el empaque de un torso henchido de leyes.

Podría dedicar a ello años de mi vida. Con el propósito noble, además, de borrar toda huella de la obra del comentarista, para que estos años no queden, vistos desde los puntos lejanos de la escala, como años fríos, escritos por un hombre que no se enamoró, no tuvo hijos, que se vio llevado por la naturaleza misma, sin sangre, de sus historias a un dudoso protagonismo. Oculto, yo, la persona que asuma la noble tarea, tras la figura de un Rey, un soberano a quien servir y que encarne en el libro todo lo que sabemos que está a punto de desaparecer. Porque aún viven personas que conocieron al escritor en vida, hombres (y mujeres) que nacieron y levantaron sus manitas en sus cunas cuando todavía el escritor arrojaba día a día cuartillas al piso (como contó su ayo o preceptor que acostumbraba). Señores que hoy mastican el pan con sus encías desnudas y que algún día pudieron verlo cuando salía del Ritz. Es el momento. Unos años después, una generación después, tal vez sea tarde.

Y un último comentario: imaginemos, puestos en esa situación (que yo, a propósito, no dejaría en Balbec, playa de la costa normanda, etcétera, sino que movería a Baalbek mucho mejor Baalbek que Balbec), que hubiese escrito el escritor un libro cuyo tema central fuera la restauración, el ascenso al trono de una quinta dinastía. ¿No sería un libro más grande? ¿No estarían sus páginas como hechizadas, miniadas por el fulgor y la púrpura de una historia así? ¿No sería, simplemente, un libro mayor?

Y un escritor que el escritor tenía por grande y que menciona en el libro (en los libros I y VI), un escritor también único, sintió eso. Que su último libro debía tratar o poner en el centro de sus páginas, de pie sobre ellas, a un Rey. O a un regicida. un Rey, Alejandro II, que va a encontrarse con su matador, Aliosha Karamazov. No llegó a escribirlo y le tocaba al, iba a decirte: al mejor escritor, pero no, al escritor, simplemente, escribir sobre ello, pero alguna falla interna, algo, no se lo permitió. Nada que tuviera que ver con su capacidad de escritura, su genio sin igual. Cierta ausencia, cierta tara secreta que le impidió colocar en el centro de su libro a un Rey como en el primer libro, el rey de Uruk.

Porque algo le sucedió al escritor, algo terrible, sospecho. Lo veo a veces como si una fuente de luz pasase por detrás de sus líneas y arrojase una sombra listada, un abanico de luz. Que observo sobresaltado sin llegar a descubrir su secreto. Alguno tiene que haber. Lo sabré algún día. A fuerza de concentrarme en el libro y a fuerza de sacar sentido y significado del texto. Lo sabré y vendré a decírtelo dondequiera que te encuentres entonces. Temo hallar algo terrible, ¿sabes?

2

Regresé esa misma noche a su *idea brillante*. Refulgente, con miles de destellos, otras tantas hebras de cristal por donde asirla, una cabellera líquida y cambiante en la que quedarían atrapados los dedos de la mano más torpe. Una *idea brillante*. Debe entenderse. Un animal, una medusa de cristal, duro y flexible, en el aire rojo de un planeta de helio. Me quedé mirándola, arrobado. A su idea.

–Excelente, Nelly, tu idea. La he rechazado en un primer momento cuando comprendí de qué se trataba, pero no puedo no ver ahora que una idea genial, una *idea brillante*. Que un Rey, que tan sólo la figura inmensa y radiante de un Rey. ¡Como sacada del libro, Nelly! ¡De una habilidad y sutileza infinitas! Porque ocultos o protegidos por la leyenda de un Rey, de un Zar. Que en España un hombre que pudiera ser nuestro rey, que se ve a sí mismo como rey de los rusos, vive rodeado y amenazado por unos asesinos que no han dudado en perseguirlos, amenazar la vida de su hijo. ¿Permitirá el país, Rusia, que algo así suceda? ¿Los muy decentes y patriotas padres de la mafia moscovita? Brillante, tu idea: no huir de la mafia, adentrarnos más en ella. Sólo una mujer... ¡Nelly!... Bien visto y entendida la manera como la mafia aceptará este proyecto, del modo más inteligente y el más refinado. Con rapidez y agilidad cuánto de bien haría un Rey al país, un monarca, cuánto sacarían ellos en claro. Lo rumiarían todavía antes de subir a sus coches, lanzarían una mirada aprobatoria por encima del techo de sus Mercedes a otro padre o padrino, el gesto contenido y augusto de un padre de la mafia, sus lentes cuadrados, pasados de moda.

3

Una impostura total, que una asamblea de nobles, impostores también todos ellos, con sus barbas cuidadas y los dientes cariados. Quizá alguno con un antepasado noble, muy conscientes de su ilegitimidad, de su papel de figurantes en una puesta en escena, convocados a elegir un zar como en 1613 el primer Romanov, débil y joven, moldeable y vapuleable. ¿Querría el pueblo un soberano apuesto? ¿Las patillas y la barba recortada del último zar, aunque un ser grotesco en realidad, como esos reyes prognatas deformados por años de matrimonios consanguíneos, la huella de muchos monarcas en él, mutaciones, cadenas celulares demasiado extensas acumuladas en el núcleo de su ser como impotencia, falta de voluntad, incapacidad para el mando, una perfecta nulidad?

¿O aprobaría y preferiría claramente la redondez porcina de Vasily, la huella de las muchas papas hervidas y bañadas en mantequilla, de jarras de cerveza acompañadas con pescado ahumado, de los huevos duros que cascaba contra la mesa, los pepinos encurtidos que pescaba con el índice? Alguien a quien reconocerían como uno de ellos, el ejército de gladiadores alzados en armas, que tras huir del circo y unir a todos los gladiadores de la península eligen a un Rey entre vítores y sale éste de su tienda y vemos que es ventrudo, ancho de espaldas, de modales bastos (¿como un Rey de bastos? Como un Rey de bastos).

Y a muy pocos metros de tu padre recibirían la orden de los padres moscovitas, Kirpich y Raketa, no aminorarían su avance pero comenzarían a flexionarse sus piernas y a trazar un arco punteado en rojo. A postrarse frente a él las rodillas que todavía en Moscú habrían recibido una orden contraria: subir con violencia a incrustarse en el bajo vientre de Vasily. Gachas las cabezas, alzados, devotamente, los ojos asesinos.

Vasily con la mano extendida, habiendo descubierto, con sólo haber hecho entrada aquellos hombres, Kirpich y Raketa, que venían a matarlo; el gesto de quien busca contener o impedir que se acerquen unos hombres a quienes teme. Y aquella mano también trazando un arco menor ahora, señalando el lugar donde debían hincarse, en el momento en que comprendió, por la mirada de los recién llegados, la contraorden de los Padres. En el sentido de que debían obediencia a ese hombre, a su rey.

Se detendrían ambos asesinos, intercambiarían unas miradas de asombro, lo comprenderían todo al instante, el súbito cambio de intención de sus jefes en Moscú, seguirían su avance, pero ya no para darle muerte a Vasily. Para musitar, quizá también obedeciendo una orden: *Padrecito.* Y luego, más alto: *¡Padrecito!* Todo su odio trocándose, sus infinitas reservas de violencia, en arrobo y devoción. Con la facilidad y el entendimiento que sólo la mafia, su aceptación de una jerarquía de un jefe o padrino, a quien deben total obediencia. Entendida y acatada sin un gesto de duda o titubeo, sin detener el deslizamiento suave del punto rojo de sus rodillas que, llevadas hacia abajo por aquella orden, parecerían planear y se posarían blandamente en el cojín o escabel real a los pies de Basilio.

—A los pies de un falso Basilio.

—A los pies de un falso Basilio, ¿qué importa?

4

Eso podía lograrlo yo, un extranjero. Como cuando un director es invitado a Copenhague, al Teatro Real, aunque nada

119

sepa de danés, ni una palabra. Bueno, una: «mal», en danés, con la que machaca a los actores. Pero por boca de su asistente, de su intérprete, salen indicaciones sabias, sobre la disposición de la luz, sobre la mecánica de un gesto, los resortes de una emoción. Y el día del estreno todos se asombran del brillo de actores hasta ese día muy mediocres.

Teledirigiendo a Vasily como un marionetista, haciéndolo levantar su diestra, adelantar la mano, majestuoso, acariciar la cabeza del infante con el ramo de flores. Rodando dentro de una esfera de cristal o gema inmensa, Vasily. Aplicando con suavidad la planta del pie, haciéndola avanzar con cuidado, la gamuza blanda de un zapato blando que la hiciese rodar, aplicando el suave torque a toda la esfera. Deteniéndose, lanzando miradas hacia los lados, como hacía su entrada en Versalles el Rey Sol. Sin traspasar sus paredes, posando sus ojos en la superficie de cristal de modo que algún cortesano en esa línea de mirada, el campesino con el requisitorio. La cuidada ordenación espacial, la pantomima que en los reyes conocidos, en Rainiero de Mónaco, genera una esencia o sustancia reales.

Lo mismo en un hombre aplicado a danzarla. Liberando en ellos, en su torrente sanguíneo, las cualidades de un Rey perfecto. Que puedo citar aquí en extenso ateniéndome a la regla de Valentiniano que el comentarista siempre ignoró soberanamente (soberana no, pérfidamente): citar no más de cinco autores. un Rey, afirma Julio Pólux, un Rey debe ser... O bien, dice:

5

Alabad al rey con estos títulos: Padre benigno, apacible, benévolo, previsor, ecuánime, humano, magnánimo, libre, desdeñoso del dinero, no sometido a pasiones, gobernador de sí mismo, que está por encima de los placeres, que usa la razón, agudo de juicio, perspicaz, circunspecto, de consejo valioso, justo, sobrio, preocupado de

120

las cosas divinas, cuidadoso de los negocios humanos, estable, firme, infalible, que tiene grandes ideas, dotado de autoridad, industrioso, gestor de negocios, solícito para aquellos a los que gobierna, cumplidor, dispuesto a la beneficencia, lento para el castigo, seguro, constante, inflexible, proclive a la justicia y atento siempre a lo que la gente dice del príncipe, morigerado, fácil para escuchar, afable en el trato, asequible para los que quieren hablarle, cariñoso, abierto, que cuida el imperio paterno, amante de sus soldados, valeroso caudillo en la guerra, pero no amante de ella, amigo de la paz, intermediario para la paz, constante defensor de la paz, diestro en enmendar las costumbres del pueblo, que sabe ser caudillo y príncipe, que sepa promulgar leyes para el bien común, nacido para prestar buenos servicios, con apariencia divina. Muchas son las cosas que podrían decirse en un discurso y que no podrían explicarse con palabras aisladas.

6

Sólo que un hombre –reparé enseguida en esta dificultad–, un panadero, pongamos, en Padua que por el más increíble azar recibe una embajada de nobles que viene a informarle (para su infinito asombro) ¡que es el heredero de la casa Saboya!, ese hombre de costumbres austeras, capaz de contentarse con una corteza de pan en la cena, que bajando sacos a la tahona y subiendo sacos de la tahona no soñaba jamás con una fortuna y una vez ésta en sus manos: *circunspecto, desdeñoso del dinero,* no tu padre. Que al momento vio, en cuanto los fajos pasaron a sus manos en la cabaña del bosque, como yatecitos en miniatura, Mercéditos minúsculos, esta casa, aquí en Marbella, en tamaño natural, que compró ostentosamente al contado, el portafolios repleto de billetes de banco que volteó hacia los vendedores, que se atragantaron de susto y salivaron (ellos tampoco *desdeñosos).*

¡Un ruso! Le habían dicho: tanto, una suma exorbitante,

que luego resultó un 25% más que las mansiones vecinas, y no había pestañeado, pero no por *desdeñoso,* sino por amante, porque confiaba en que se haría con más dinero, poseía la fórmula infalible para hacerlo. Fuera de rango aquí, por este ángulo, incapaz de encajar en el molde de un Rey y menos en el de un Rey perfecto.

Ni tampoco *estable, firme.* Porque ¿cómo tensar sobre él la figura de un duque de sangre, hacerle abandonar sus pesados modales, la manera que tenía de andar, dejando caer su cuerpo hacia delante, atravesando el jardín al bar de la piscina por una cerveza? Visto en ese desplazamiento como un hombre que había robado una fortuna, que quizá había llegado a imaginar el expediente de engordar, no dejar de comer deditos de pescado, para lograr su objetivo de esconderse a la vista de todos en un cuerpo engordado. ¿En ese sentido *estable* y en ese sentido *firme?*

Y no, todo lo contrario de esa fina lectura: alguien brutalmente voluble, capaz de cambiar de idea a cada segundo, que no dejó de consultar la pantallita de su teléfono móvil toda la noche pasada en la cabaña, que a punto estuvo de levantarse y confesarlo todo a los ladrones. No *firme* en ese sentido. Porque había aceptado la idea, le había parecido buena, y camino a la cabaña, cuando la tuvieron a la vista y mientras Batyk (que fingió ser un yakuto) se frotaba las manos de gusto, valoró tu papá la idea de dar media vuelta y enfilar el jeep a E*, sin haber vendido nada, ¿cómo, entonces, *estable* y cómo, entonces, *firme?*

Dándome cuenta de esta dificultad, señalándole a Nelly doblemente su error, partiendo de la autoridad del libro y de este argumento a mis ojos infranqueable: que la impostura está íntimamente ligada al comentario. Que el resultado sería algo insostenible y con el que no lograríamos engañar a lector alguno de nuestro timo, como mismo reacciono siempre frente a la falsedad y a la impostura del comentarista.

Que sin las palabras de un comentario trazadas torpemente sobre la frente de muchos de esos impostores, un cantante de ópera, el «mejor» intérprete de Bach, tantos pintores, se desplomarían éstos. Porque, observados de cerca, es fácil descubrir el texto diminuto que los sostiene en pie, lo que ha dicho sobre él un crítico, el mayor conocedor del arte vocal renacentista, el especialista número uno en pintura al fresco, hombres a su vez trufados de palabras, repugnantes endilgadores de citas, personas cuyas palabras no tienen peso alguno, ni aun para ellos mismos, si no las logran retrotraer a una autoridad. Por esta razón, imposible, Nelly, y por esta otra: que contra la posibilidad de un nuevo zar está el hecho de que hay diez casas reinantes en Europa, entre las cuales la rusa vendría a ser una improbable undécima.

7

¿O cómo *agudo de juicio, perspicaz, circunspecto* si no dejaba de admirar el ingenio de los hombres que le querían dar caza y gritaba: «¡Madre! ¿Me escuchas, madre?», a Nelly (¿no era absurda esa forma que tenía de decirle «madre» a tu mamá?). «¿Pero cuál es el mejor? ¿Ah?»

Sobre cómo había un Vania cualquiera, un hombre en Rusia, volviendo de una importante reunión y acercándose a saltitos de mafioso joven al punto negro de su coche (también un Mercedes), de través sobre un pedazo de césped. No sobre la acera, no sobre el asfalto de un parking, ¿para qué en el asfalto, entre las bandas amarillas que encajonan a un coche normal? Y vio, ya junto a él, que alguien, que algo colgaba de la manija de la puerta, una bolsa de plástico: sus puntas anudadas en la manija por algún imbécil. Fácilmente distinguible ahora: una bolsa de plástico de las que se usan para sacar comida de los supermercados.

Amarrada o dejada allí por algún mecánico del astillero cercano o un técnico de reparación de televisores, un hombre que camino a su taller, de mañana o regresando del turno nocturno, no había podido evitar que la envidia por aquel coche en medio de la hierba lo llevara a embutir las puntas del paquete, al pasar, como un recordatorio, estúpido y fuera de lugar de: ¡hey!, todavía hay obreros que entramos o salimos a estas horas, mientras tú, ladrón burgués, y ni tan siquiera ladrón burgués, mafiosón golpeador, sigues por ahí robando, dejando tu coche sobre la hierba...

Vio todo eso el hombre frente a la puerta, imaginó el overall gris del mecánico perdiéndose por la boca del pasaje tras haber dejado colgado su alegato tonto y fuera de lugar, con muchas cosas él mismo que explicarle, cómo había trabajado, por ejemplo, en un taller de ésos, hasta hacía muy poco, pero sin tiempo ni ganas para discutir, muy molesto y lleno de ira.

Y fue a quitar de un manotazo, a retirar molesto esa impertinencia que era una bomba, ¿verdad, madre?, una bomba que explotó en el instante mismo en que su mano la arrancó con furia. *«Low tech!, ¿ah, madre?»*

Como si en una junta de producción un hombre joven, un *killer* recién llegado al Laboratorio de Soluciones Técnicas, hubiese escuchado disertar a sus viejos colegas, hombres de bombas lapa, de cargas activadas por movimiento, de resinas detonadas por controles remotos bajo tapas de alcantarillado (¿cómo, además, dejado aquel coche sobre el césped?) y hubiera levantado con modestia la mano y propuesto aquello: *low tech*. Un conocimiento, la reconstrucción exacta de la cadena de pensamientos ante una bolsa de plástico dejada colgando en la puerta de un coche. La cadena última de pensamientos de aquel hombre que la había arrancado sin dejar de hablar por su teléfono. *«¡Rusos! ¿Ah, madre? ¡Rusos!»* Se animaba Vasily al contarlo y bajaba los ojos acto seguido, derrotado por la evidencia de aquel ingenio multiforme que terminaría dándole caza, dondequiera que se escondiera.

Atormentado, además, no sólo por el ingenio, sino por la

124

perseverancia de un francotirador, apostado muchos días en lo alto de un edificio. El desván donde esperó paciente a que se descorrieran los visillos de una casa en la que se ocultaban, también pacientes, sin acercarse jamás a la ventana, padre e hijo. Dos hombres que habían timado a la mafia, dos empresarios que habían robado demasiado (millones), sin que atinaran a comprarse una mejor casa, o sin haber tenido tiempo para hacerlo cuando se había descubierto su juego y habían debido correr a ocultarse en aquel departamento, sin acercarse jamás a las ventanas. Pero una tarde, ya prendido el foco amarillo en la cocina, el aire frío del invierno entrando por la ventanita arriba, se había acercado el mayor de los dos, sobre el que pesaba justamente la orden de exterminio de los Padres, había querido mirar algo en el patio, lo que sabía de memoria: la nieve apisonada por los coches, las figuras de los niños jugando en el arenero, y había recibido el balazo antes de que el visillo regresara a su lugar, retirado el dedo. Un vistazo. Junto a la colchoneta, en el desván de la casa vecina, abandonado un H&K de 3.000 dólares cubiertos ampliamente por el pago del contrato, sin huellas, ni colillas ni el celofán de un bocadillo junto a él.

Nadie podría dispararte, Vasily, estamos sobre un acantilado, no hay casas más altas que ésta, le dije.

Repitió tu papá mis estúpidas palabras: *¡Buu, buu!* «Nadie podrá dispararte, Vasily, no hay casas más altas que ésta..., *¡Buuu!*» Y movió la cabeza de hombro a hombro en un gesto de resignación ante tanta estupidez: ¿y las bolsas de plástico con bombas, y las muchas maneras de matarlo en las que él mismo, sin ser un asesino, había pensado?

8

Porque también, en Pólux, esta dificultad: *que tiene grandes ideas.* ¿Cuán grandes? ¿Cuáles grandes? Una sola que supo explotar al máximo y mal aconsejado por el negro corazón del buriato. O bien, concedo que aquella que tuvo en su laboratorio de los Urales, grande y única. El primero en el mundo, diamantes coloreados sin huellas de fabricación. ¿Una gran idea? Una, lo acepto. Pero directamente y después de eso llevado de manos y boca a pequeñas ideas, a la tan despreciable y minúscula del timo, que había terminado con la salida precipitada de ellos de Rusia.

Toda *buena idea* que podía aislar, detener en el aire, y a la que podía acercarme a estudiarla en detalle, era de tu madre. Como la de contratar a un preceptor porque estabas perdiendo clases, porque unos días más te hubiera encontrado reprogramado, sin nada en los ojos fuera de las figurillas moradas y verdes que volaban en tu iris persiguiéndose. Una buena idea, y yo aquí, mis consultas al libro. Todas las que generé a partir del momento en que atravesé el portón y seguí la enjuta espalda de Batyk. La manera como mis conocimientos del libro me permitían identificar al momento las malas ideas, como el error increíble de Batyk, ahora te lo cuento, de la máquina antigravitatoria.

Ni tampoco *ecuánime, gobernador de sí mismo*. Alguien incapaz de dominarse, que se deprimió profundamente y a quien vi caminando por las noches sin dormir *como un hombre derrotado*. O bien, para poner toda la cita: *comiendo pan como un hombre derrotado, tumbado de espaldas*.

Aquí: alguien sin nada que hacer, sin planes ni propósitos, sin obligaciones: atravesar la ciudad de una punta a otra, asistir a reuniones. Aherrojado como un Laoconte en su bata de seda, enredado en las iniciales historiadas de sus pantuflas. O como un animal grande con hierba amontonada en una esquina de la jaula, un poco sucio siempre, abatido por la dureza del asfalto en el que apoya lentamente las pezuñas, abiertas bajo el peso de la pata enorme.

Derrotado Vasily por el miedo, tras la alegría efímera del

Mercedes, de los Rolex de oro, después de todo aquel lujo absurdo que no eran sino encarnaciones de su maldad y engaño, después de Larisa, su amante. Imaginando cómo todo aquello comprado en su insaciabilidad y mal gusto se adelantaba en el aire, amenazadoramente: los controles de la mesita de mármol, los cubiertos de plata, las falsas espadas de samurái, lo menos romo, lo más filoso y punzante apuntándole, girando sordamente, diciéndole: ¡deja de *comer pan,* deja de *comer pan,* salta sobre tus pies, hazte Zar!

OCTAVO COMENTARIO

1

Como si fuera, ¿sabes?, un escritor malo, Batyk. Que se atribuía la capacidad jamás demostrada de hablar sobre los más disímiles temas con el mayor aplomo del mundo. Barriendo limpiamente todo a su paso, todo lo que tocaba con su lengua ponzoñosa. Un sapo atascado de pócimas, una esponja de veneno, un hombre infecto bajo una piedra, acechando allí para mancharlo todo con sus comentarios absurdos y fuera de lugar. Posando las ventosas de sus manos sobre cualquier tópico con la untuosidad del charlatán, la seguridad y su falsa sabiduría de escribidor, convencido de que tan sólo con señalar las cosas con el dedo, «llamarlas por su nombre».

Me contradigo en ello o parece que me contradigo en ello, pero no es así.

Un horror de hombre, un hombre que no quitaba sus dedos, que no dejaba de introducir conceptos equivocados a raudales, como el de que se pueden usar camisas de nylon, décadas después de su entrada y aparente triunfo en Europa, desplazadas hoy, como todos sabemos, por la vuelta al tejido natural, el algodón egipcio y el lino sueco. Una fuente inagotable de interferencias, un pedazo de metal ferroso, un hacha bajo la brújula, un bloque de señales confusas, bailando junto a ti sinuosamente, enturbiando el éter. Incapaz yo de encontrar bajo esa lluvia de iones una palabra o comentario atinado, furioso, blanco de odio e impotencia, haciéndome dudar a cada paso de que no así, como él hablaba, levantando la barbilla, con absoluta insolencia, debía hablar yo mismo, «ir al grano».

Y yo, repito, que admiro y pondero la firmeza y la rectitud del escritor, que quiero más rectitud y firmeza en cualquier escritor primario o en cualquier autor digno de ser calificado como tal, no podía dejar de aborrecerlo, de odiar profundamente a aquel hombre y al tipo de hablador o autorzuelo que representaba aquí, en la corte de tu padre. Dando o aportando siempre consejos equivocados, una visión del mundo incorrecta por simplista y falaz, zumbando en mis oídos como algo indigesto que no cae al estómago y se acumula en capas a la entrada del conducto auditivo. Hasta que terminaba sordo, viéndolo abrir la boca y reprimiendo, ¿sabes?, las ganas de abalanzarme sobre él, de reducir a cero aquel flujo presionando con ambas manos su glotis estúpida, viéndolo inflarse más debajo de ese punto, hinchándose como un sapo con todas sus mentiras, ideas equivocadas, estrategias estúpidas como la de elevarse sobre un escudo antigravitatorio, Vasily, tu padre, ¡jamás y nunca! Sus frases hechas, sus codos angulosos. Todo mal, como en un escritor malo, no importa si primario o secundario. Malo, malo, malo.

2

Al punto que imaginó Batyk la solución más estúpida, la más delirante y absurda, que contravenía, además, las estrictas medidas de seguridad que él mismo nos obligaba a observar con tanto celo: no permitir la entrada de personas ajenas a la casa, romper el cerco, poner en peligro la seguridad y la vida de todo Miramar.

E imagina mi sobresalto, la adrenalina corriendo por mi

cuello, la tarde que regresé de la playa (sin tu compañía, tu mamá te había vuelto a prohibir que bajaras) y escuché a los perros ladrar y supe que le ladraban a un extraño.

Pensé primero: Kirpich (y luego, Raketa), su silueta recortándose contra el cristal de la terraza, aquí llegados para acordar la entrega o devolución del dinero (todavía imaginaba que querrían su dinero de vuelta, que les restituyeran la suma estafada). Y me moví como un cardenal italiano en una corte llena de franceses, para evitar que notara mi presencia, avisara que alguien más (no olvidar la noche de la matanza), un testigo que pudiera dar fe de la manera que tenía el extraño visitante de comer, la mano abierta en abanico dentro del plato y del que sacaba no una nuez, no dos, todo un puñadito que se arrojaba a la boca con tenebrosa avidez.

Un cómplice de ellos, un hombre con un ridículo trajecito a cuadros gastado en los codos, inclinado sobre el plato de nueces con el envilecimiento de muchos años sin comer a gusto cositas.

¿Pero no tienen mucho dinero esos mafiosos? ¿No toman en bares frente a simpáticos potecitos llenos hasta arriba de nueces assorties o cualquier corrusco frito y gratis? Inmóvil sobre la hierba, la espalda en la pared de la casa, la vista en la piscina. Sin querer dar crédito a mis oídos: el plan más absurdo y sin sentido.

En la que no hubiera creído, te repito, Petia, si no la hubiera escuchado con absoluta nitidez desde el jardín. Un personaje de feria, un falso inventor que viniera a su Rey a venderle el secreto (dos siglos atrás falso, hoy no) de la fabricación del diamante: carbón y grafito en el alma de una culebrina, la llama avivada sin descanso. U otro científico que en la soledad de su laboratorio hubiera descubierto la factibilidad del *perpetum mobile*, un telar que tejiese día y noche, sin tregua. Que tres días después de la puesta en marcha, y admirado del funcionamiento autónomo de la máquina, corriese el visir a los aposentos reales dando voces de: ¡sí, es verdad: sin esfuerzo y sin desgaste, S.M.R.! En apariencia, debo constatar, y no menos en realidad. No ha dejado de andar la lanzadera, no se ha detenido un segundo la máquina del profesor Astoriadis.

Que se inclinaría obsequioso, adelantando el zapatón con la hebilla enorme, el rostro hacia el suelo, perdida la barbilla en la gorguera. Doblado ahora, siglos después, sobre la mesa de la sala, el impulso y el giro vectorial de todo el torso hacia el platillo con nueces. Una mezquindad sólo superable por la de Batyk, la manera que tenía de ponderar sus *kilims*, y con la que transmitió la idea del profesor, de una manera totalmente equivocada, y sin que Astoriadis —un apellido a todas luces falso— tuviera a bien callarlo, corregir ciertos puntos de su interpretación plagada de errores. Sin dejar de masticar, el profesor, asintiendo con la placidez de un oriental que en una casa de té se mueve hacia ti, se acerca a ti sin dejar de pensar un segundo en timarte.

Cayendo Vasily para mi infinito asombro: si yo, contra todas las expectativas y contra la burla de mis colegas, diamantes coloreados; este hombre, también un científico, quizá cierto lo que dice sobre la anulación de la gravedad. Maravillado por la flexible oblea que lo sostenía sin combarse bajo su peso, girando a gran velocidad *como una peonza* (apunta en este pasaje y de manera encantadora, el escritor), royendo con absoluta eficacia los engranajes de la gravedad. Nada percibiría, en un primer momento, el usuario (usó esa fea palabra), se introduciría delgadamente bajo los pies del usuario girando a gran velocidad. Pero no tardaría en notar que el lápiz labial que caía de la mano de su esposa, el neceser y la polvera, no iban al suelo sino quedaban milagrosamente suspendidos en el aire, libre de las ataduras que nos aferran a la Tierra, terminan haciéndonos caer: Vasily, triunfante sobre ella, no.

Percibí con claridad cómo se levantaba en mí una ola de indignación (¡era mentira!, ¡mentira!), que avanzaba desde los años en que era más joven, más recto, para perder fuerza luego en los riscos submarinos de mi alma, sin que llegara a decir lo que pensaba, transparentar mi parecer, articularan palabra alguna mis labios. Bajo la espesa capa de aceite que en esas novelas de aventuras que cuenta el escritor que leyó de niño echaban por barriles para aplacar la mar brava y lanzar un bote, una ballenera. Flotando bajo aquella película de aceite denso, aferradas fieramente sus manecillas moleculares, observándolos discutir, hinchar las venas del cuello, meciéndome al compás de las olas, la viscosidad y la calma de una medusa de muchos kilómetros que se mece y danza suavemente en la superficie.

Pensando.

Un peligro volver todo el trabajo en aquella dirección, en sentido físico, dotarlo de una masa difícil de manejar contrapuesto al efecto infinito y menos tangible de una impostura. Un hombre inteligente, ¡muy inteligente!, Vasily, pero demasiado atado a los altos hornos, a las aleaciones de hierro y tungsteno, nada que pudiera sustituir la venta de pequeñas porciones de aire coloreado fáciles de transportar en maletines de mano, moldeable a discreción.

Pensando.

Será la ciencia, sin embargo, la que coloque a un nuevo monarca mañana en Rusia o en Portugal. Nadie objetará contra un monarca científicamente destilado, del que conocemos, a ciencia cierta, su capacidad para el mando. Cierta disposición interior que obliga a un Rey a llevarse la servilleta de un cierto modo augusto a los labios, barrer la sala con ojos augustos. Sin que nadie dude ni un segundo de su capacidad para reinar. No políticos, ¿sabes?, presidentes de partidos, amantes de rosquillas infames, bebedores de cerveza. Una causa en su último gen que lo llevaría a levantar el brazo en un gesto irrepetible, la visión que le permitiría lanzar su mirada por entre la masa de problemas y encontrar siempre, como el cuchillo del que habla el escritor (Chuang-tse), los intersticios más recónditos sin jamás perder filo, agudeza. Soluciones sencillas, claras, donde los otros sólo turbiedad. Adelantándose graciosamente y desactivándolos, uno tras otro. El ascendente y el poder de quien conoce.

Y como se sabría de sus otros talentos, el de cultivar diamantes, pongamos, piedras con calidad de gemas, no pondrían en duda su capacidad para reinar. Como esos hombres que en Bizancio, y desde lo profundo de un ejército acampado, salían afuera, a un otero, atravesaban el campo bajo un haz que lo alumbraba desde el cenit (y luego pasaba aquella luz a la leyenda), a tomar el mando, a arrebatárselo al Basileus llorón y tembloroso. Y nadie —porque los habían criado para que supieran que los hombres no son iguales, que hay hombres superiores—, nadie ponía en duda que fuera él.

Con la absoluta certeza de la ciencia infusa. De un golpe de vista. Bajo aquella luz, bajando por una colina, la última, antes de la tienda con el pabellón imperial y entrando a tomar las riendas del Imperio como Miguel el Tartamudo o como Phocas el Salvaje; hombres rudos en apariencia mientras cabalgaban rudamente por Asia Menor, pero que despertaban un día, de golpe, sabiéndose reyes.

Ahora bien: despejada esa certeza por la ciencia. Porque, repito, habría o existiría esa disposición o pre-disposición de genes, bloques en sus cerebros que terminarían de acomodarse un día como una ecuación cuya solución tardase años en ser despejada, hasta que se les aparecía, se encendía parpadeando en su magín, saltaban sobre sus pies y salían al encuentro del ejército, del imperio, que aguardaba por ellos.

No el proceso arbitrario de los tibetanos que buscan los rasgos o las señales ciertas del Dalai Lama en los mofletudos rostros de muchos infantes. Y encuentran uno en el que terminan troquelando, de consuno, la imagen mental de un Rey. Y funciona. Lo vienen haciendo desde hacía siglos ¡y jamás ha fallado! Un niño, un alma o tábula rasa, que termina reinando sobre ellos y acatan con agrado y sapiencia su gobierno. Sin que medie en ello certeza o evidencia científica alguna, sólo técnicas tan inexactas como oler el aliento, catar orina, escudriñar un iris. Y sin que jamás se equivoquen, ni con el Lama dos ni con el cinco, los preferidos de Lhamo Thondup, el Lama actual. Disímiles entre sí y capaces de reinar con sello propio.

Piensa ahora, detente en una elección dinástica en la que los príncipes electores científicos de enjutos hombres (es un decir, tu papá no enjuto de hombres), y que arrojase esa elección, en lo profundo del laboratorio, un resultado inobjetable: el mejor. No un juego de mejores, ¡el mejor!

4

O como si un joven dramaturgo, alguien llegado otra vez de Stratford-on-Avon, apareciese milagrosamente hoy día y pusiera tres tragedias sobre la mesa en una junta de un teatro, en Inglaterra o donde fuera. Si supieran leerlo esas personas en la junta, los profesores, los *trustees*, en el caso de que pudieran leerlo como yo, con la simpleza, la apreciación o percepción de una sola pieza, la certeza que da estar ante una obra maestra, como cuando (lo recuerdo perfectamente), a mis diecinueve años (a edad tan temprana) y sobre la escalinata en semicírculo de mi escuela, lo abrí el libro, y puse mis ojos sobre la primera frase del delgado volumen *(Unos amores de Swann)* y supe de golpe que aquél era el libro, y que su autor —un escritor único–, el escritor. Ese día. Como quien llega al final de una demostración matemática.

Adquiriendo de golpe, y en el transcurso de unas pocas páginas, la certeza que de adulto te asalta definitivamente de que no querremos ya a nadie más. Al menos no con un amor así. Que no volveremos a enamorarnos con la fuerza y la intensidad (¿y la entrega? Y la entrega) con que nos enamoramos aquella vez, hace años. Nunca más. Y sin haber vivido en aquel entonces casi nada, tan sólo siete años más que los tuyos ahora, percibí esa verdad. Y sí, me he enamorado, he tenido amores, admirado y dejado entrar en mis ojos y a mi alma a otros autores. He vivido en ellos, estudiado a algunos, pero siempre yendo a morir al escritor. Del mismo modo, si los *trustees* vieran aparecer dos obras, dos tragedias, tres comedias sobre su mesa con vasitos de café humeantes, ya no podrían seguir tomando su pésimo café, se detendrían como alcanzados por un rayo. Todos esos ministros, todos esos presidentes amantes de rosquillas, todos esos dueños de ranchos, todos esos falsos conocedores de literatura rusa, esos ridículos amantes de la ópera, se detendrían todos ellos si se lo permitieran sus negras almas a postrarse ante un Rey como lo más natural y más saludable a sus corazones; reconocerían y proclamarían que no todos los hombres son iguales, que hay hombres más grandes. Y, sin embargo, son duros, malos, pretenden ser iguales. ¿Iguales a quién? ¿A Shakespeare? ¿Al escritor?

5

Habías concedido, a partir de cierto momento y sin que creyeras necesario decírmelo expresamente, que real esta historia que te cuento. Entendido que por fantástica que pareciera, habiéndome escuchado hasta aquí, totalmente cierta: existían nombres como Kirpich y Raketa, aquellos dos científicos, los viejos amigos habían imaginado el plan más descabellado, dado muestras de la más loca imaginación, forzado al límite lo creíble, llevado al extremo lo verosímil. Y asimilaste esto también, dejaste pasar las páginas con diamantes a puñados, que en Ofir, el reino salomónico de Ofir, millones en piedras, besantes y florines por entre tus dedos hacia los baúles de bocas doradas. Lujo y riquezas, Petia, en ese sentido. Me habías escuchado, seguido y creído hasta aquí, ¿cierto?

Ni te levantaste ni diste por imposible algo que dado tu corta edad, para no alterar el equilibrio de tu tierna mente infantil, evité contarte hasta el último momento. Que tu padre el Emperador de Rusia... Y también lo aceptaste, permitiste aún con un comprensible gesto de extrañeza hacer espacio en tu mente a este nuevo giro, inverosímil, de tu padre rey. Que debí argumentarte con tantas y tantas razones extraídas del libro. Explicación que recibiste escéptico en un principio, como también debí ceder yo, agregar un por ciento, dos, de *spandex* a las duelas de mi mente, hacer espacio, colocar mi valija de preceptor sobre mis piernas, permitir que entrara a nuestra diligencia ya aprestada para huir el otro cuerpo de tu padre, su cuerpo simbólico: la coronita ridícula en la mollera, sonriendo embarazado como si pidiera disculpas, Vasily, por no tener un cuerpo normal como cualquier humano, sino –como lo explica y argumenta el escritor– un cuerpo doble, los dos cuerpos del rey. ¿Bien así? ¿Cómodos? Cerremos la puerta y partamos de una vez.

Pero no por eso aceptar ahora el absurdo de la antigravitación.

Imaginar factible que hombres volando, eso no.

Lo que se quejó amargamente tu madre. ¿Cómo exponernos a hacer el ridículo, arriesgarlo todo, la verdad de nuestra historia con la idea absurda de la antigravedad? ¿Echar abajo nuestro plan con algo así, Psellus? ¿Quién en toda la tierra lectora creería algo así? Refutable, además –añadió tu mamá, y me asombró por ello, porque tenía razón–, con el sencillo experimento de una manzana que cae. Si fuera necesario, si dada a refutaciones empíricas. ¿Lo ve?, le diría a ese señor (y se refería a Antoniadis), lo ve que la dejo caer y cae?

¡Bien, Nelly! ¡Correcto!

Habías introducido tú, Psellus, sensatez y cordura, teníamos un plan, ¿ponerlo ahora todo en peligro por la ridícula idea, el proyecto infantil de la levitación? La mezquina y fatua atracción de feria, ¿qué otra cosa si no, Psellus? Que dizque vender por un billón o dos al presidente de la General Motor, a John F. Smith, Jr., en el Salón Automovilístico del Otoño, en Cannes. No ha dejado de importunar a mi esposo, sobre cómo el país se levantaría, cómo recuperarían el dinero que Nicolás prestó a los ingleses, cómo superaría el país la crisis, se recompondría la unión en una sola familia de bahskiros, tadzhikos y buriatos felices.

6

Así habló Nelly como si el escritor hablara por su boca. Revolviéndose contra aquel ser repugnante y empírico, alguien que se regodeaba hozando el barro de lo físico. Todo lo que inventó Batyk, aquel delirio que la visión de mi éxito en la corte, mi ascenso de preceptor a Consejero Real, le hizo imaginar, removida la bilis de su envidia. Y había abandonado cualquier cautela, las reglas de seguridad que con tanto celo nos había hecho observar y comenzó a salir con mayor frecuencia, a Puerto Banús (donde llegó a espiarme en Isthar). Le pidió a Dios que le mandara alguna solución y una noche pareció haber dado con ella: se trajo a aquel hombre, un desconocido, un ruso, alguien que podía ser perfectamente un cómplice de los señores K&R, asesinos. Un caballo de Troya, su extrañísima moción o manera de desplazarse junto a las paredes. La quinta columna que correría a descorrer la viga del portón, más traidor aquel hombre que un escuadrón de sarracenos.

No le costó esfuerzo encontrarlo entre los muchos rusos que visitaban Marbella, que bajaban tan al sur para observar con sus propios ojos la vida que se daban, cuán bien se habían colocado los que robado más, que cierto que todos esos rusos aquí con todo el dinero. Lo invitó, le permitió instalarse en el Castillo por un plazo indeterminado. Con la única ganancia de que un visitante que acudiera a vernos, en el caso hipotético de que eso ocurriera, podría constatar que incrementándose nuestra hacienda, que dos lacayos con librea ahora en lugar de uno.

Llevado siempre, no tardé en darme cuenta, por el ánimo de llenar su barriga, Astoriadis. Nada de espiarnos ni alertar a nadie, eso al menos. Reprimiendo a duras penas, cada vez que lo descubría en sus viajes nocturnos al refrigerador, estudiando con atención su interior ante la puerta abierta, moviendo con denuedo sus muchas piernas, reprimiendo yo mi deseo de irme sobre él, gritarle: «¡La puerta! ¿No ha escuchado usted, un científico, lo de la capa de ozono?» ¡Dios! Golpearlo es lo que me hubiera gustado. Con el libro, de tenerlo a mano. Seguro del resultado, porque está en el escritor: *cuando una cabeza y un libro, al chocar, producen un sonido hueco, ¿proviene eso siempre del libro?*

¿Qué? ¿Del libro, Petia? ¿Cómo del libro? ¿Es una broma? Sí, y fíjate, no habla de un libro físico ni de una cabeza física, se refiere, ¿lo habías captado?, a la obtusidad de ciertas mentes, nos llama la atención el escritor sobre el hecho de que puede haber cabezas mas huecas que el más vacío de los libros. El peligro y el sinsentido de la levitación ilustrado además por la nefasta influencia de Étienne Montgolfier para la monarquía, el ejemplo de la ascensión, mecánica, de cabras y perros en 1783, de cualquier sombrerero en demostraciones sucesivas, que los hizo inflamarse, a los franceses, llenárseles el pecho de la absurda ambición del vuelo, de que podían llegar más alto que el sol, que su propio rey.

Muy otra la realidad: jamás se podría volar, nunca nadie podría volar como Astoriadis pretendía, levitar como se vuela en sueños. Vasily en lo alto del muro, sus cabellos agitados por el terral soplando por entre los naranjos, el sol ya muy bajo, sus pies iluminados por la luz que tras viajar sin interrupción ocho minutos fuera a chocar con sus zapatitos de risa, suspendidos en el aire, por gracia y el efecto del ingenio de Astoriadis, del escudo antigravitacional. El aire, la emoción en todo su rostro vuelto hacia nosotros abajo: ¡vuelo! ¡Vuelo! *¡Veo el aire y piso las nubes!*

Acercarme a su oreja, amoldarme a la espiral de su oreja, a que mis palabras alcanzaran la masa blanda de su cerebro, sacarlo de su error. Se posó quietamente sobre la hierba, movió los pies hacia mí, levantó la cabeza. Es falso, Vasily, no existe tal cosa, como el bloqueo antigravitatorio. Es falso. ¿No lo ves acaso?

(Si, como afirma el escritor, todo el mundo exterior es fenómeno, o sea, algo que aparece ante nuestros sentidos y es construido en apariencia por nosotros, y si, como el escritor no pensó nunca, el fenómeno es una pura proyección del yo, una sombra con nada tras de sí, entonces el mundo es una fábula y la esfera en la que se ejerce la voluntad del poder.)

7

Le sorprendí cuando le dije: ¡Majestad! Me lanzó una mirada, alzó los ojos, los dos a la vez, y como estaba lejos y no podía escrutarme el ojo ni la mejilla palmo a palmo, como era su costumbre, se preguntó si no le estaría tomando el pelo. Se moría de ganas de levantarse, llegar hasta mí a pegar su ojo al mío con la intensidad con que en algunos primitivos italianos (en Masaccio) Jesús escruta el ojo traidor de Judas.

No era todavía un Monarca, no había majestad en él. Sus zapatos excesivamente caros asomaban por debajo de la pernera del pantalón como puestos allí por un caricaturista sabio, conocedor de su oficio. Concentrado en ellos todo el ridículo de la carrerita contenida, de la necesidad que tenía de cruzar la habitación y el talante, sin embargo, con que debía hacerlo. Una figura cómica, al menos esos pantalones le quedaban mal. Debería pagar la mitad del dinero que había dado por ese Versace, pero a un sastre que le cortara un buen Saville sin botones de similor, sin falso monograma sobre el pecho.

Quedó así detenido toda la mañana, incapaz de salvar la distancia que nos separaba, el sol atravesando sus pestañas translúcidas. Me había querido preguntar: ¿hay algo sobre esto en ese libro que tanto lees? Pero lo habían cogido por sorpresa mis palabras, el descaro de mi llamada y ya jamás se atrevería a preguntarme. No lo lamenté. Necesitaba un golpe así. Mantenerlo lejos para poder manejarlo mejor con las varas del libro, conservar la distancia, exactamente los tres y medio metros que nos separaban, calculé mirando a mis pies y levantando la vista hacia él, de un vistazo, como hacemos antes de tomar una fotografía.

No fingí haberme equivocado, haber utilizado aquella palabra a la ligera. Antes bien, perversamente. Era un hombre y uno sagaz, pero debía manipularlo como a un muñeco, la pieza animada de una representación teatral, la única que nos permitiría salir con vida de aquello (a ellos, a mí con todo el dinero). Le acababa de dar un papel como cuando niños cantamos: ¿por el señor? ¡Policía!; ¿por el señor? ¡Ladrón! El juego a punto de comenzar.

Principió a entenderlo lentamente, al ritmo que una mancha de sol se desplazaba por el suelo: yo en mi escritorio, él eternamente junto a la ventana. Cuando por fin hubo caminado bastante el sol en el cielo, pareció haberlo comprendido. En su rostro comenzaron a aparecer, junto con la mayor oscuridad, los signos de una inteligencia de su nuevo papel. No le tomó demasiado tiempo, lo que habla de cuán listo era: pruebe cualquiera a aceptar con tal rapidez un papel así, caído del cielo. Pasar del oficinista que se es, del ingeniero a pie de obra, del médico a su Majestad Imperial.

Pareció entenderlo, no dudó ya, pero se preguntó entonces

¿por qué ahora, solos nosotros dos, en este cuarto? ¿Y el público? ¿La gente ante la cual fingir?

Deberás fingir ante ti mismo, Vasily, hacerte al papel, no dejarlo ya nunca.

Comprendió al fin, fue a mover los labios pero se escondió en ese momento el sol y quedamos los dos a oscuras.

Termino aquí: cae el telón. Termina la función. Como quieras.

8

No me molestaba ni un segundo, no me hacía torcer el gesto esa palabra. Afloraba a mis labios de la manera más natural, mi corazón la expelía en una columna ininterrumpida de aire y rompía con un chasquido al despegarse mis labios y llamaba feliz a tu padre ¡Majestad! o ¡Príncipe! Porque era un hombre superior, al que me acercaba con la serenidad y la paz de espíritu de quien ha descubierto la servidumbre voluntaria. Jamás un alma negra, un hombre menor como el comentarista, alguien que padecía el prurito de la adjetivación exacta, entendería esto, como tampoco el aire ligero, suave, de aquella mañana. Jamás pondría sobre el papel o aceptaría esos dos adjetivos simples y verdaderos para aquel aire. Sólo ésos, sin embargo, admitía, esos dos adjetivos.

Flotaba en aquel aire, me acercaba por él a Nelly, veía a Vasily avanzar hacia el coche, tirar con fuerza la puerta. Y el aire aquel, suave y ligero, me traía el sonido de la portezuela, el simpático mohín de Nelly, los angulosos codos de Batyk corriendo con prisa a embutirle una mentira sin que pudiera jamás llamarlo, como yo había aprendido a hacerlo: ¡Majestad! o ¡Príncipe!

Viajando ahora con Vasily a estrenar su dignidad real, un lugar donde pudiera poner a prueba un adelanto de aquella otra vida (¿la intención simbólica? La intención simbólica). Acercándonos por entre los campos agostados por el sol a la rutilante isla de un *mall* que veíamos flotar sobre la línea del horizonte. Todos felices en el coche, vestidos expresamente para la ocasión: tú como el niñito de un grabado, con tirantes y escarpines, tu madre en su vestido rojo, el Armani de tres piezas de tu padre.

Sólo desentonaba el atuendo del buriato, a quien no pude convencer de que cambiara su jubón a franjas, de un paño listado de pésimo gusto, para *cockneys* o para lacayos despreciables. O como llama el escritor a Morel, *el más turbio de los secretarios.* Alguien capaz de arrojar tinta sobre todos tus papeles, enlodar las más lejanas fuentes de un día, que intuitivamente, entre tanto paño fino, había escogido ese de líneas muy gruesas, más gruesas de los que el buen gusto y el decoro permitían (y sin salida aquel paño desde 1975). Lo había presentado contra su torso, comprobado satisfecho cómo las líneas del paño casaban perfectamente con las otras horribles de su rostro, que es aquí donde exclama el escritor: «*Si no eres bueno —y esto es una verdad importante y extraña—, si no eres bueno, es muy probable que tu presencia lo proclame hoy cien veces más claramente que hace dos o tres siglos.*»

Inteligencia también más que aplicable al engaño que recorría todo el cuerpo del profesor Astoriadis, codificado en sus execrables modales en la mesa, en la extraña manera que tenía de caminar haciendo correr un par de dedos, el índice y el corazón, como las antenas de un trolebús, ensimismado. O como un trolebús ensimismado. Articuladas sus piernas en muchos puntos más que en las caderas, rodillas y tobillos humanos, en al menos cinco puntos más, que lo hacía avanzar tambaleándose en un desorden y un temblor, como entre fallas de energía. Quiso la suerte que se topara con Batyk: se había acercado, se habían reconocido los dos hombres, lo había escuchado Batyk e ideado llevarlo con tu padre con aquel fantasioso y repugnante —por inverosímil e imposible— plan de la antigravitación.

Propuesta que sonó, ya te lo dije, como música en los oídos

de tu padre y que busqué anular con aquel viaje en que salir a estrenar su dignidad real. Le pareció hermoso a Vasily, primero dudó, pero luego le pareció hermoso. Había dudado: ¿no sería exponerse demasiado, un riesgo innecesario? Pero no, lo convenció tu madre: con Psellus nada nos pasará, será nuestro traductor y guía.

Salir, Petia, comprobar que el mundo afuera había cambiado del mismo modo que el mundo en su interior, que a la nueva disposición de sus celdillas correspondía un mayor brillo afuera, identificada la nueva melodía que el viento le arrancaba atravesando su estructura reticular cambiada, los pájaros que entrarían volando a su pecho, buscando cada uno su oquedad donde piar, como en un peñasco o una roca.

Así de sólido.

9

O con lo que el escritor llama *la fuerza aplastante de la monarquía*. Encorvándole ahora las espaldas, precediéndonos Vasily por el pasillo encristalado. Deteniéndose frente a los escaparates con rebajas, clavando su grueso índice en unos *pants* deportivos (¿para qué, si jamás hacía deporte o corría, tu papá?), en un estéreo idéntico a los que ya tenía por toda la casa, comprado en Chipre o dondequiera que mentía que había viajado. Como un minotauro en un laberinto de tiendas con artículos chinos, impropios para su dignidad, sin saber cómo alcanzarlos porque desconocía el monstruo la naturaleza quebradiza del vidrio. Con cuánta facilidad podía abrirse paso por entre sus paredes, encogiendo un segundo, en el que caían los vidrios, su cabeza y su nuca, a adentrarse como un muñecón violáceo y arramblar con todo: teléfonos inalámbricos, exprimidores de naranjas, guirnaldas de luces para el jardín.

Dudando entre la intención simbólica del viaje y el deseo de entrar a probar unas bocinas muy caras, importunar al dependiente con preguntas sobre el rango de reproducción (de veinte a veinte mil, Vasily, más no oirán tus orejas). Apartándolo con todo el respeto, sin rebasar jamás los cinco pasos que me había impuesto entre él y yo, yendo a destrabarlo del desmedido interés por fontanitas de mesas con agua susurrante, por relojes que proyectaban la hora en el techo, por un enorme gong de cobre con maza de fieltro para anunciar visitas.

Y frente al escaparate de una tienda idéntica a la de varios pasillos y cinco vueltas atrás se detuvo a inspeccionar unas zapatillas para su pie cansado, para su hijo y su esposa (para mí no, gracias), con las que ataviarse al estilo de esas familias vestidas de domingo con idénticas zapatillas todos sus miembros, compradas de golpe, arrebatadas en una razia en lo profundo del territorio enemigo, arrojadas a sus alforjas sin descabalgar, alegres como niños, alzándolas al cielo, inspeccionándolas bajo el resplandor rojizo de la tarde. Y a través del cristal, reenfocando la vista al interior claramente iluminado, vio tu papá que sobre la alfombra se desarrollaba un pequeño drama entre las primeras líneas de combate de las lejanas compañías taiwanesas y los compradores a timar por todo el mundo.

Un pequeño drama, adiviné yo también, por la disposición de sus participantes frente a las butacas en hilera: las dependientas niñas, de largas trenzas que sostenían una de aquellas zapatillas por el talón. Enfrentadas y divididas por el eje que la zapatilla marcaba en el aire a un colorido grupo de personas extraña y milagrosamente aferradas al otro extremo de la zapatilla, a su punta; todas sus manos o una mano y un brazo tirando de aquella zapatilla. Inmóviles en el momento en que Su Alteza Serenísima alza la vista, quizá con la intención de estudiar el interior de la tienda, hallar un sillón donde encajar los montículos callosos de su espalda, señalar de adentro hacia afuera el tenis o zapatilla en que había fijado su atención de las muchas expuestas en el escaparate.

Frente al cual seguía de pie sin apartar la vista de aquel cuadro. Como elemento principal y organizador ahora de todas las miradas de asombro y admiración por su inobjetable prestancia. Algunas no, algunas de odio en los ojos del numeroso grupo enfrentado a las niñas dependientas. ¿Dónde compra –piensa Vasily– Juan Carlos sus zapatillas? El tipo de pequeño detalle que debíamos trabajar... Paralizado el niño en el centro del grupo, el niño gitano (porque no otra cosa, etcétera) que había alcanzado a ponerse o calzaba una flamante zapatilla y la que sostenía ahora era la zapatilla derecha, interrumpido su camino al pie descalzo. Y las que yacían en la caja no eran, bien vistas, zapatillas nuevas, sino unas zapatillas muy raídas, viejas.

Ocupó por un segundo Vasily el marco de la puerta, hizo que lo precediera una ola de silencio, un pulso electromagnético que cerró la boca de las niñas dependientas y del grupo gitano en cuanto los alcanzó. No pudieron sus ojos sostener el agarre de su mirada y giraron en sus órbitas con la manera que tienen los niños de mirar en vacío antes de romper a hablar. A la persona en quien descubrieron al instante, y sin que Vasily pronunciase una palabra, un árbitro. O un inspector de la Sociedad de Amigos del Consumidor o alguien todavía mayor, sin que, lógicamente, pudieran imaginar su real envergadura, a un Emperador.

Los miró Vasily con el aire cansado de quien se imagina sin esfuerzo del otro lado. Colocó su mano sobre la zapatilla con un gesto que tuvo el efecto de desenergizar al grupo, que la soltó de inmediato dada la fuerza que les transmitió y percibieron al instante. Pero, libres sus manos de la energía física necesaria para el agarre, las desplazaron rápidamente a sus gargantas y gritaron al árbitro.

El recuento de toda la historia segmentada en plaquitas que volaron a él, se acumularon sobre su espalda y brazos, sobre la mano que sostenía en el aire. Se detuvo a mirarlas un segundo, a aquellas palabras que lo iban cubriendo a la velocidad con que los niños gitanos soltaban sus mentiras y que las niñas dependientas intentaban cazar con las palmas abiertas, sin que lograran impedir que fueran a pegarse con un ligero chasquido a Vasily, atraídas por el imán de su cuerpo o magnetismo. Configurando sobre su pecho la historia falsa de cómo habían entrado ¡inocentemente! a probarse aquellas zapatillas, siendo que no habían dejado de vigilar la puerta por las que habían pretendido escapar y en donde le habían dado alcance las niñas dependientas.

Lo entendió todo Vasily, bombeó sangre a los músculos de su cuello, las hizo saltar a aquellas mentiras con el repiquetear de relé de una estación telefónica, posó ambas manos sobre la zapatilla y dejó que por su brazo ascendiese una corriente para los niños ladrones con el siguiente mensaje: *Hammurabi, el rey perfecto, soy yo. Soy el rey que sobresale entre reyes. Mis palabras son de lo más escogido, mi inteligencia no tiene igual. El rey perfecto soy yo.*

10

Un mensaje así, un sentimiento así en su interior. Hacer fluir la justicia no hacia los niños gitanos, como hubieran deseado muchos en Suecia o tal vez en Noruega, y lo que hubiera estado mal, sino hacia las niñas dependientas. Sin proferir palabra, con la mudez de un Rey que falla un pleito en un punto lejano de su reino y cuya lengua desconoce. Haciendo correr los *balloons* de sus palabras por toda la tienda. Que todos vieron aflorar a sus labios y pudieron leer también sin necesidad de intérprete. Fui yo quien, al verlas salir y descubrir la disposición espacial de aquellas burbujas en el aire que flotaban y llegaban a los más lejanos departamentos de Mark & Spencer, hice descender estas palabras que el escritor pone en labios de un Rey aunque un personaje secundario, en el libro, y que quieren de-

146

cir: «*Soy el rey que sobresale entre reyes. Mis palabras son de lo más escogido, mi inteligencia no tiene igual. El rey perfecto soy yo.*»

Yo no había construido los *jets* que sobrevolaban el cielo de Marbella, mi índice no había recorrido sus conductos dibujados en azul y rojo. Vencía mi miedo cada vez que debía subir a uno, volar en él atravesando el firmamento. Y un jet jamás se detendría en pleno vuelo o bien a punto de emprender vuelo para abrir la boca, levantar su barbilla al cielo con estas palabras en sus labios-propela, la absoluta confianza en su capacidad de vuelo. «*El rey perfecto soy yo.*» No un Rey bueno: «*el rey que sobresale entre reyes*».

—¿Como Lufthansa?

—Mejor aún. Ni un accidente en siglos, dinastía tras dinastía, cayendo dinastías y surgiendo dinastías, materializándose en pleno vuelo. ¿Cómo no confiarles nuestras vidas? Era una maquinaria nueva, tu padre, con menos fábrica corporal que un jet, pero con las mismas instrucciones que desde hacía siglos, comprobadas en la práctica. El aplomo y la gravedad de un coloso que contuviera en su pecho, empaquetados en él, a todos sus servidores, la tripulación en pleno, sus guerreras azules y sus overalls naranjas. Dispuestos a accionar con sus propios pies, de fallar la energía, la dinamo de su Rey, hacerlo avanzar, llevar su brazo de derecha a izquierda.

O el hecho visible, Petia, que nos conduce al invisible de: Rey.

NOVENO COMENTARIO

1

Podemos negar la existencia real de todo lo que cae fuera del libro, las piscinas, por ejemplo, que el escritor jamás menciona y difíciles por lo mismo, por no figurar en el libro, de ser leídas. No brillan en pasaje alguno de la vasta obra, no las llegó tan siquiera a sospechar el escritor y debía yo estirar la delgada película del texto, intentando de algún modo cubrirlas, entenderlas.

Vistas, elementos del paisaje, sobre los que, a ciencia cierta, no escribió. ¿Habían escapado a su máquina de ver o bien no lo había visto todo? Me detenía haciendo equilibrio, me asomaba por aquellos boquetes en la carpa tensada y descubría las burbujas azules y rojas de pelotas de plástico (porque tampoco habló nunca del plástico, imposible). Rompían y asomaban por allí esas pelotas, brillantes y tersas, que a duras penas lograba cubrir con un pasaje en que se habla de balones de tejido ahulado, caucho o resina natural (sin que diese el detalle el libro), redondos y multicolores de los niños en la playa.

Nada tampoco sobre piscinas.

La muy grande y hermosa de tu casa, las muescas de luz, el flanco sumergido de un enorme pez azul, sus escamas sugeridas por los semicírculos iluminados que atravesaban o segmentaban

148

todo su vientre, respirando en el fondo. Nada de eso en el escritor. ¿De qué modo comentarlo entonces? ¿Ciertas cosas, ciertas visiones de los días?

Extendía los bordes, clavaba los dedos en el *polivynil* (¡tampoco!), corría a algún lugar distante, a alguna provincia del vasto imperio del libro del que traía, copiado en mis pupilas, un fragmento sobre el rielar del mar en los toldos de Balbec. Lo presentaba contra el boquete de la piscina, intentaba convencer al niño, lograba a veces casar la orilla dentada de aquel borde, sin llegar a cubrirlo del todo.

Y por aquellos agujeros sin cubrir me seguía llegando, observaba como hipnotizado el efecto, ¿nuevo?, de la luz en el fondo. ¿No lo había visto? ¿No había piscinas en aquella casa de los Verdurin cerca de Balbec? ¿El agua de un estanque, una hoya en los arrecifes no producía el mismo efecto? ¿O sólo visible si se pasea uno en bañador junto a una de estas piscinas californianas (o grandes como las construyen en California), y tantea el agua con el pulgar, rompe las escamas doradas en el flanco del animal o lucio enorme del fondo?

Levantaba la vista, me asaltaba el desasosiego del maestro que no ha preparado bien la clase, enfrenta las caras expectantes de los niños y sabe que les mentirá sin permitir que una sombra de duda nuble su rostro, estirando el texto al máximo como un exegeta fraudulento. Me lanzaba a nadar, deshacía a manotazos los cambiantes prismas de la superficie con la furia de quien acalla voces de descontento en un salón revuelto, repartiendo golpes con los brazos abiertos y absoluta perfidia. No encontraba, entonces, la luz, aquella superficie tersa en la que refractarse: sólo mi espalda. Un medio opaco nadando tozudamente de un extremo a otro, veloz como una lanzadera, enturbiándola. Para que nadie adivinara las dimensiones del boquete, grande en el texto como una piscina en la tierra.

2

O como nos alienta el escritor en un momento de igual desánimo y desconcierto: *¡Adelante lector! ¿Quién ha dicho que no puede haber amor verdadero, fiel y eterno en el mundo, que no existe? ¡Qué le corten la lengua repugnante a ese mentiroso!*

Lleno de vida en ese instante, rebosante de entrega y devoción por ella, dispuesto a saltar sobre mis pies, a presentar batalla. De acuerdo con el escritor en que en cualquier obra una parte debe servir a las demás, que un palacio debe tener pasadizos. Bien, pero al galope por ese pasadizo, alto y ancho, por el que podían pasar dos hombres a caballo, yo y tus padres, nuestras capas al viento. Por debajo de capítulos en los que no pasaba nada, páginas de engarce en las que el tiempo parecía detenido a emerger a salones ornados con pieles, a castillos junto al mar, al banquete con muchos invitados en el jardín perfumado, en el que se mueven (y bailan) todos los personajes de la trama.

Siguiendo en esto, le comenté al niño, al escritor, que en la página mil y una del libro abre una fiesta en la que reúne a todos sus personajes (¡y todas las líneas argumentativas! Y todas las líneas argumentativas). El gran acorde final de una sinfonía del XIX, no por esperado menos emocionante. Una fiesta a la que invitaríamos a Simeón de Bulgaria, a Leka de Albania, a Duarte de Braganza, a todos los reyes sin trono que por alguna razón oscura habían escogido España para refugiarse.

Aunque por qué oscura: ¿no los imantaba a España, a Madrid, el ejemplo insólito de la casa española, su simpático Rey? Sabrían reconocer, entender en un segundo nuestro plan, asumirían el libro como el Libro. El volumen en cuarto que recibirían en Navidad los reyes de Europa, enviado desde Rusia, y que abrirían introduciendo el índice enjoyado (el de Harald, el noruego) bajo la tapa de oro, plata y marfil. Y se sentaría a leerlo, olvidaría al instante al embajador de Granada, al canciller de Laos, dejando entrar por sus ojos el significado llano y asequible del libro, un texto que no necesita comentaristas, falsos estudiosos que apilen comentarios en su boca como cuadrillas de mineros. Capaces sus lectores de interpretar cualquier pasaje sin torceduras, sin necesidad de glosa alguna, para quienes sería evidente y clara y factible la posibilidad real de la nueva Casa Rusa de Rusia.

Porque los pasajes difíciles que ciertamente contiene el libro no son necesarios para comprender el mensaje en su conjunto y los que sí, estoy aquí para explicártelos, Petia. Dice, por ejemplo el escritor en un momento del tomo III, *la princesa Demidoff.* Y es un error (aunque menor, ciertamente), justo del tipo que debíamos evitar: jamás ha existido ese nombre, nunca ha habido una casa rusa con esas dos efes al final que haría recelar a cualquier adulto ligeramente sagaz, un profesor ruso, que calándose sus gruesas gafas de pasta (la uña manchada de nicotina), a punto de salir para su clase en el instituto Mendeléiev (este apellido sí, en Moscú), saltaría indignado: no existe tal familia y jamás, en el caso de que hubiera habido, en el XIX, unos Demidoff, etcétera. El pie y el pretexto para una exhaustiva e inoportuna pesquisa heráldica.

Ni nada de análisis genético para decantar finamente entre un Trubetskoi y un Romanov, o entre un Kuropatov (el apellido de Vasily) y un Romanov. Tantos X en esta espalda (tatuados a fuego) y aquí tantos, ¡no coinciden! Sortearíamos ese escollo, un mundo sin los filosos riscos del parecido físico: que una vieja dama, una Romanov, aullará clavando en su pecho el dedo enjoyado: ¡no es él! Condensaríamos mares, evocaríamos bajeles, imaginaríamos un desembarco sin que por un segundo nuestra mente proyectara el risco del ADN en el mundo físico.

Sólo la prosa esmaltada del escritor, una prosa Versace. Funcionando en todos los cerebros, adentrándose por todos los oídos, llevando a sus centros nerviosos la orden necesaria para reorganizar sus estructuras internas, creernos. Una prosa adornada con volutas, una prosa *nouveau*, orgánica, vegetal, abrillantada.

3

Pero otro aparente triunfo y otra aparente verdad del comentarista, Petia, el comportamiento de los viajeros en el tren que me llevó a Madrid. Los comentarios que iba haciendo una joven mujer sin dejar de mirar por la ventana. Las palabras que repetía una y otra vez, la manera como fruncía los labios, entornaba los ojos y decía: «¿Te imaginas? Me dijo. Y yo le dije.» Incansablemente. Una discusión, la víspera, que podía alimentar una comentario de muchos kilómetros, el paisaje cambiando, las primeras casas de Madrid, multifamiliares infames sobre una colina y las palabras, su comentario, fluyendo todavía de entre sus labios fruncidos, una representación en gestos de todo el incidente. Cómo había llegado aquélla a su cubículo, y le había soltado con tan sólo entrar: tal cosa. Y ella, podía su amiga imaginar, no había sabido reaccionar cogida por sorpresa, la taza humeante del café junto a sus labios.

Pero lo había pensado, un instante después pudo juntar una respuesta. Se había apartado la taza sin llegar a tomar un sorbo (y se apartaba el telefonito de sus labios por lo que infería yo todo el asunto de la taza) y le había espetado: ¿pero quién te crees que eres?

Todo giraba en torno a eso, todos los malentendidos, en torno a lo que los demás se pensaban equivocadamente que eran. Y era necesario, de vez en cuando, corregirlos o ponerlos en su lugar. Preguntarles: ¿pero quién te crees o quién te has creído que eres? Sin que la otra reaccionara adecuadamente, actuando siempre desde la posición falsa de quien se creía que era y no desde la real e insignificante de quien era realmente: una nulidad.

¡Nadie!

Y una vez expuesto el tema, presentado el incidente en una mímica invisible para su interlocutor que le transmitía por sus cambios de voz, por las paradas, los puntos de inflexión del altercado, expuesto y delimitado el asunto, comenzaba el comentario propiamente dicho. En primer lugar, o abriendo con quién era en realidad aquella persona. Análisis que podía basar en muchos otros elementos porque antes de aquel incidente se había fijado también en esto: en el horrible departamento que la otra compartía con su madre, la ropa infame que se compraba, el peluquero que debía visitar y nunca visitaba, por lo que se anudaba el pelo con una liga de dos centavos. Recordado todo esto frente a ella ayer en la oficina, detalles que ahora quería comentar al teléfono para que lo entendiera aquélla, lograra finalmente captar el mensaje igual que lo había captado por fin su enemiga.

Se detuvo el tren. Soltaron aire los cilindros de las puertas. Se levantó la mujer de los zapatos rojos con el teléfono todavía en la oreja y los labios en un mohín, del que seguían cayendo palabras al receptor como de una cornucopia. Tanteó insegura los peldaños del vagón, avanzó por el andén, con la cabeza muy quieta, recibiendo ahora el envío de Ana o Inés, comentarios sobre su comentario anterior o sobre una situación parecida con la misma persona o sobre un incidente semejante con una persona igual de insoportable, quizá también ella bajando ahora de un tren o habiendo atendido toda la conversación con un manos libres, aparcando ahora en otro extremo de la ciudad su pequeño coche.

Ya no es necesario esperar a verse una vez por semana para comentar las ofensas que nos infieren todos los días. Pueden ahora ser comentadas sobre la marcha, tan sólo minutos después de que el café se te haya enfriado definitivamente y debas levantarte, ¡por culpa de aquella imbécil!, a recalentarlo en el microondas aprovechando para elaborar los principales puntos de tu comentario mientras observas girar la tacita: pero ¿quién se ha creído que es?

4

Dejé las invitaciones según el procedimiento que describe el escritor: *Precisamente a mí, a pesar de todo, me parece, cuando trato con la gente, que soy el más ruin de todos, y que todos me toman por un bufón, tanto que me digo: «¡Pues haré verdaderamente de payaso; no me importa su opinión pues todos ustedes, desde el primero al último, son más viles que yo!* Palabras que soportan esta glosa: vestido yo como un lacayo y con el volumen disminuido de tal, el pecho hundido, los codos muy pegados al torso, las manitas hacia delante, obsequioso. Avanzando a saltitos en mis zapatos de baile, la sonrisa de plácida estulticia. Todo en un envío rápido a sus retinas y a sus centros preceptores. Totalmente falso y contrario a mi verdadero ser (¿y sentir? Y sentir. Ya sabes). Maniobrando por entre los fluidos de desconfianza que veía salir de las puertas entornadas, la criada o el mayordomo espiando y vigilando mi avance de la verja a la casa. Aplicando todo mi peso, apretando la trampa contra el piso, sin descuidarla ni un segundo, temiendo que se liberara de repente, pegara un brinco y me cazara el cuello con sus aros dentados. En español, pero como si fuera una lengua extranjera: masticado, lento, tortuoso. ¿Romanov? No, no Romanov (lo mismo que un artista de segunda al que confunden siempre con su competencia. Sí, usted es Fili. No, no soy Fili, aunque conozco y admiro su trabajo. ¡Qué más quisiera! Uri Geller, un servidor. Claro que tampoco Uri Gueller).

Dejando esas casas con el aire de un perro apaleado, de un lacayo (del imperialismo ruso ahora), lanzando pestes contra ellos: ¿pero quiénes se creían que eran? Vetustos representantes de las vetustas casas europeas, viejitos que salían a tomar el sol, como esos ancianos decrépitos en el escritor que asoman la carita ajada a un patio y lo estudian con sumo cuidado, sus losas desiguales, y le temen como a un mar proceloso en el que pueden, fácilmente y para mi enorme regocijo, partirse una pierna, oírles crujir sus débiles huesos, verles caer al suelo desde la altura de su absurda pretensión, de que alguna vez serían llamados de vuelta ¡a reinar! ¡Algo que jamás en toda la historia! Apartándome de esa idea a toda velocidad, sin querer o doliéndome tener que darle la razón a Batyk. ¿Quién en su sano juicio, se había burlado Batyk de nosotros –de tu mamá y de mí–, qué pueblo aceptaría a aclamar a un Rey como a alguien investido de un poder divino? ¿Qué pueblo? ¿De qué modo posible hablar de la realeza sagrada, de la ascendencia davídica de los reyes de Francia o de la ascendencia, ¿qué?, de los zares de Rusia? ¿Cómo regresar del estado actual, de triunfante y ejemplar democracia, a un estado de abyecta (así dijo, abyecta) sujeción a un Rey, a los caprichos de un Rey? ¿Traicionar y dar la espalda a la ganada igualdad del pueblo (si quieres el pueblo ruso) con la elevación y colocación fuera de la ley, fuera del alcance de la ley, de un Rey?

¡Qué absurda pretensión! Reyes falsos, ¡eh, señores!, como un Rey del Pop o como una Reina de la Canción Romántica, con las mismas credenciales, pura falsedad y sabiéndolo pura falsedad. ¡Y yo cómplice y vocero de tan absurda pretensión! Sólo que un joven magíster en realidad, alguien que jamás olvidaría su origen humilde, una persona, un emigrado yo mismo, que jamás trataría a un extranjero como lo habían hecho esos reyes desalmados, Leka de Albania, como ocultos en Madrid todos, atraídos sus negros corazones por el ejemplo resplandeciente del Rey de España.

Sus sirvientes y palafreneros que rieron a carcajadas al anunciarme yo. ¿El sexto? ¿El cuál zar de Rusia en esta semana, Ramón? Y no pararon de reír mientras me hacían rodar escaleras abajo y me propinaban (es verdad, Petia, absolutamente cierto o habiendo ocurrido esto en Madrid) muchos bastonazos en la espalda. Enviados y alentados esos lacayos por sus amos arriba, secándose los labios con tiesas servilletas de batista y volviendo al *Financial Times*, no a *Hidalguía,* la revista de la nobleza y armas (españolas), no al *Gotha.* Calculando fríamente para cuán-

155

do una crisis en sus países colmaría la paciencia de su pueblo, tras la que regresarían ellos, aclamados ¡como herederos legítimos! ¡En lo alto de una ola de fervor popular! A restaurar la monarquía. Aunque no buscábamos eso, pensé en ese momento, doliéndome tremendamente la espalda, no pretendíamos relanzar a nadie. Un plan mejor el nuestro, más moderno y menos vulgar: una elección dinástica.

No alcancé a explicarlo porque no superé el vestíbulo de ninguno de ellos. No se me permitió colocar nuestro proyecto sobre la mesa, para lo cual le hubiera pedido, con el mayor respeto y la mayor consideración que apartara, Su Excelencia, el plato con el escudo de los Hohenzollern (salvada toda la vajilla de debajo de las orugas de los T-34, en el 45, en Bucarest). Y en otras casas tan sólo logré dejar invitaciones, ¡sin escudo!, ahora me doy cuenta, ¡sin un escudo de armas! en sus buzones.

Un déspota de éstos, deformado por siglos de reinar y matrimonios consanguíneos, centurias de poder despótico, ¿cómo sacárselos de arriba, me había preguntado, burlonamente, Batyk, cómo sin unas elecciones?

Fácil, podía ahora decirle, sin haber atinado a responderle ni yo ni tu mamá, pero ahora, lleno de odio, fácil. Guiando yo mismo a los complotados por los pasillos a oscuras del palacio, el hachón humeante en la siniestra, la katana en la diestra, hacia las habitaciones de Miguel de Rumania, a rebajar de un golpe su absurda pretensión.

5

Imaginando y entendiendo el enojo de Platón en Siracusa viendo alejarse las costas de Sicilia, arrasados los ojos de lágrimas, esfumada la esperanza del Rey Filósofo. Bien, no ese imbécil de Dionisio; no en Siracusa, perfecto. Pero en algún otro lugar, un Rey filósofo o científico, ¿por qué no? Un físico como

Luis de Broglie, un príncipe de sangre, un conocedor a fondo de la mecánica cuántica, al descubridor del carácter ondulatorio de la materia, ¿cómo no llamarlo a reinar?

Intentando todavía una solución. Imaginando que habría alguna hacia donde dirigir mis pasos. Hasta que el azar la puso en mi camino, sin haberlo pensado ni meditado a profundidad. Una solución que en un primer momento creí fuera de la lógica del libro, pero luego vine a comprender que no, que guiado férreamente por aquél. Porque vi, Petia, cuando dejé la estación de Marbella y caminé sin rumbo por el Paseo Marítimo, divisé un letrero en lo alto de un hotel hacia el cual, cuando lo hube leído, sin conciencia de que guiaba mis pasos, torcí con la confianza de una sola pieza.

Sabiendo que sólo así, la única solución. Que se habrían fijado los rusos, en Rusia, en el mismo hotel en que acababa de fijarme yo, colocado su índice en la foto satinada del hotel, en lo alto del cual el letrero de varios pies (diminuto en la foto), seguros de que el mejor y el más lujoso. Ellos por su mal gusto: lo de Grand; yo por el gusto al escritor: lo de Grand (de Balbec). Fácil de convencer aquellos turistas de asistir a una fiesta muy cerca de aquí, sobre la playa, cuando bajara el calor.

Y entré al hall seguro de que allí los hallaría, a mis futuros invitados, pero fue esto lo que encontré, Petia.

6

Encontré a un hombre –difícilmente un caballero–, de pie frente a la recepción y que con sólo entrar me llamó poderosamente la atención. Sus cabellos rubios y su porte difícil, la pesadez de un nuevo rico que todo el tiempo quiere dar a entender con el gesto que se detiene y otea un lugar vacío entre los sillones del hall o consulta especioso su reloj y hace un gesto de fastidio o complacencia dependiendo de si está a tiempo o hace tarde, su nuevo estatus, la importancia que ha ganado ante sus propios ojos.

La manera como se cruzó especioso los faldones de su saco color frambuesa e hizo correr su barbilla muy junto a su pecho, atenazado su cuello por una ancha corbata fuera de lugar y de clima.

Y me sentí atraído por aquella cara desconocida, aunque muy familiar ¿en su generalidad?, enternecido y sonriente por la luz fluorescente de un gusto tan vulgar y predecible. Atravesé el hall para conversar un poco, amistoso. Siempre les extraña, déjame decirte, ser interpelados por mí. Son mis amigos pero no lo saben, reniegan de mí, de mi amistad. Juntos, les decía, en las trincheras del socialismo. ¿Qué tal? En las trincheras ¡y del socialismo! Pero ya casi junto a él cambié de idea iluminado claramente por el grueso reloj de oro macizo que se le adelantó en la muñeca al levantar el teléfono minúsculo, la pantallita azul a la oreja rosada. El brillo de sus zapatos demasiado nuevos, sin huellas de uso (cofrecitos demasiado hechos, esos zapatos sin estrenar, siempre me lo parecen en las tiendas). Pasé por su lado y me limité a llamarlo: ¡Sasha!, un nombre inventado, uno cualquiera. Se volteó sorprendido, alcanzado dentro del haz por aquella llamada. Y sin apartarse el teléfono de la oreja me estudió de pies a cabeza y me espetó: *Nu i kak banani v etom godu v tvoem Gondurace? «¿Qué tal las bananas este año en (tu) Honduras?»* (O de dondequiera que seas, quiso decir.)

El habla ultrajante, el tono. Al punto que me hizo lamentar haberme dirigido a él. Urgido él mismo a abandonar las profundidades asiáticas, poco dado a fraternizar con un ex aliado, todo eso. Vastas zonas de su pasado totalmente claras para mí: desayunos con salchichón barato no hacía ni tres años, huevos duros en el cupé de un tren para el viaje de dos días, una madre ahora mismo y un padre en Rusia.

Fingí haberlo tomado por otro. Le dije: te he tomado por otro. Y me dejó ir sabiendo que mentía, consciente de que mi retirada se debía a su áspera respuesta, a la pesadez, como la de un dogo, con que se había volteado.

¿No quieres? Yo tampoco. Le expliqué con la mirada puesta en el ascensor.

–¿Kirpich?

7

Había calculado: un *garden party*, el efecto de rubias edecanes mariposeando por sobre la hierba repartiendo folletitos con el plan de tu madre y mío contado cándidamente, la velocidad y simpleza con que cuentan y explican el mundo los plegables: la tradición y el amor de los rusos por la monarquía, el fervor de un pueblo que pese a los errores de todo un siglo (o de casi un siglo, mejor de casi un siglo, Nelly), que pese a los muchos errores (¡y horrores! Y horrores) no había dejado ¡nunca! de querer, de venerar a sus zares, a la Familia Imperial. Que reconocían a la monarquía como el orden más claro y el más natural y el más perfecto para un país, fuera de toda discusión lo mismo que la autoridad de un padre.

Una fiesta de instauración, el esnobismo que despertaría y pondríamos a girar en torno a una fiesta de instauración. Los reporteros de tantas cadenas que tendrían –los invitados pasando al fondo sonriendo tontamente a las cámaras– tantas sandeces que decir. Los vestidos que describir, las celebridades que posarían para una foto con los nuevos reyes o zares de Rusia, de chaqué los hombres, de largo las mujeres; los peinados de la duquesa de York y de Athina Onassis, los sombreros imposibles de algunas damas, raros como ingenios antigravitacionales. El entusiasmo que generaría la celebración en todo el mundo, las carrerillas matutinas al kiosco por la cobertura, algo con que llenar y estructurar un domingo de otro modo vacío. De este modo: caravanas de Mercedes (o de Rolls, habría que cambiar los Merci por Rolls), los guantes de un policía con un ramo de rosas, en blanco y negro en el *Tribune*, en colores en *The Sun*, la milagrosa ausencia de dispositivos de seguridad porque un Rey tan querido, porque los rusos, sin rey tantos años. Lo encantador que sería, el entusiasmo que despertaría, lo maravilloso que sería relanzar la Casa Imperial de Rusia.

Ahora que un verdadero noble ruso que hubiera aparecido ante ellos les habría parecido falso. Como una mala actriz, joven y virginal, que no logra darnos la idea de una muchacha joven y virginal. No invitaríamos a la Gran Duquesa, a María. No la entenderían los rusos, una buena señora, pero un poco, quizá, demasiado gorda, la figura sin asideros de la señora del once que todas las mañanas baja a buscar la leche. Vencida por la pasmosa belleza de Nelly, muy en la tradición rusa, Petia, tu mamá, los certámenes de belleza que organizó en 1547 y en 1561 Iván Kalita (o el Terrible). Una finísima inteligencia en eso, la de Kalita, algo absolutamente cierto o un detalle sólidamente histórico: muchachas, vestales de toda Rusia, un concurso de belleza en toda regla: desfilar sonrientes en trajes de baño, atosigar con perogrulladas políticas a los entrevistadores de Kalita (y a Kalita mismo), abrazar a la ganadora falsamente tierna (las uñas largas como lanzas, listas a clavárselas en la espalda), los lagrimones de felicidad de la zarina recién electa. Sin falta la mujer más guapa o inteligente, ¿qué duda cabe?, de todo el país. Un antecedente estrictamente histórico y una inteligencia y la sutileza de los eslavos del norte: sólo reinas guapas, sólo reyes sabios.

Todo lo que encontraría comprensión en ellos por la chaladura total de los rusos. El programa de televisión que una noche había seguido boquiabierto, sin poder creer lo que veían mis ojos: a un imbécil, un tonto, un hombre imposible, que se hacía pasar ¡por nieto del último Romanov! Y debía creerlo toda Rusia, por la única prueba, una risible demostración en un estudio televisivo. ¿Sabe usted qué significa tal y tal palabra en griego, y tal y tal en alemán? ¡Oh! ¡Excelente! Y tengo aquí escrito (y consultaba sus notas el conductor) que sabe usted ¡cómo afinar un piano! ¡A la perfección! ¿Estoy en lo cierto o me han informado mal mis asistentes? ¿Sí?... ¡Excelente! ¡Un piano! ¡Al estudio! Aunque sin sus herramientas... Es un proceso largo... En otra ocasión. ¿Por qué mejor no nos dice algo en eslavón, en ruso antiguo o eclesiástico?

El hecho de que la persona que fingió ser un Romanov hablara con facilidad muchas lenguas, le había parecido a sus hijos, agolpados a sus pies como los hijos de un molinero (en el escritor), la prueba última y convincente de que su padre el hijo del último emperador salvado milagrosamente. Que había sobrevivido y vencido su hemofilia y los terribles ojos de Yurovski, la mirada de profundo odio que le lanzó en aquel sótano, donde supo permanecer quieto, Alexéi, visto las balas acercarse a él y desviarse por la fuerza de los años que le quedaba por vivir. Sus hermanas no, Anastasia menos, tampoco sus padres, Nicolás y Alexandra. Las balas que pasaron junto a él y fueron a incrustarse en el empapelado a su espalda como los rayos de una lejana estrella que por el efecto de la lente gravitatoria, Petia, contornean el sol y terminan clavándose en tus pupilas, un día de eclipse, en 1919. El año mismo en que se levantó, recobró la consciencia en pleno bosque, Alexéi, caminó, pidió auxilio en una isba campesina, la memoria de su vida anterior de heredero al trono aflorando coloreada en su mente, colocándose entre sus ojos y las suelas de un zapato a clavetear (tal profesión en su padre de adopción).

¿No era para morirse de risa? ¿Una chaladura cómo se había reído y burlado, con razón, Larisa? Debíamos sortear y saltarnos eso, no una restauración: una Instauración. Ni tampoco les diría que los invitaba con la zarina y el zar de Rusia (demasiado fuerte, ¿no?). Mejor a una fiesta de unos nuevos ricos... ¿Cuán ricos? «Muy ricos, créanme, no mentiría en algo así.» Mirándole a los ojos: «Muy ricos, ¿saben?»

–¿Kirpich? ¡Claro que no! ¿Por qué habría de ser Kirpich? Un ruso cualquiera, un amigo (con ironía).

Aquel hombre siniestro que debí rebasar para entrar al lift y que olvidé acto seguido, decidido a buscar por todo el hotel a mis invitados, los rusos que lo poblaban con toda seguridad ahora, tras haber descubierto aquel ejemplar imposible, por otra parte, de invitar a la fiesta. Al menos no así vestido, con aquel saco con botones dorados. Sin haber resuelto bien qué haría y casi feliz porque el fracaso de mi viaje a Madrid, la imposibilidad de la fiesta, eliminaba la obligación de vender las piedras, juntar el dinero necesario para los músicos, las flores y en el caviar.

Sin resultado alguno, ni un turista en los pasillos, ni el nueve ni en el doce, en rápida inspección (sosteniendo abajo las puertas corredizas), viajando abajo. Pero cuando hube regresado al lobby y volvieron a abrirse las puertas del lift, sin haber todavía despegado las manos del riel niquelado ni hecho patente mi intención de bajarme, vi entrar a una cara radiante, un rostro separado que ocupó todo el espacio frente a mí. Una mujer, la piel transparente de su cuello, los cabellos rojos y los pómulos asiáticos. Llenando la caja del lift de pared a pared. Parpadeé, pesé más por un segundo o dos, sentí que me hundía porque subía el lift. Dio un paso la pasajera hacia el cristal, pareció extasiarse con la vista por la pared encristalada, creciendo también, su torso y sus piernas, más visibles y en foco. Brillando más intensamente las pecas en su rostro, el malva increíble de sus ojos.

–¡Dios! –No pude contenerme y exclamé con toda sinceridad, quise advertirle–. No puedes tomar sol con esa piel. –Y se lo señalé entrecerrando los ojos, redondo y llameante, a través del vidrio tintado.

Vestida aquella mujer, la turista, con impecable gusto: la blusa de seda azul abotonándole con fuerza los senos, el hilo de cornalinas sobre el frescor del pecho, el mismo rojo encendido en sus zapatos, de absoluta elegancia (u occidental). Tanto que apunté de nuevo al sol y a las pecas en su cara porque por un minuto pensé que con tanto gusto, así vestida, no una rusa. Quizá sólo del norte, de un lugar sin veranos y bajando cada año a tostarse al sol.

—Bueno —me respondió—, así mismo, en un hotel cerca de aquí, un joven simpático y agradable como usted, decentemente vestido...

(Yo no iba decentemente vestido, un poco más que eso, quise decirle, la risa bailándome en los ojos hasta que la escuché: la horrible confusión.)

—Hablaron, quedaron en verse y ¡tiu, tiu!: le había volado la cartera.

¡Tan mal comienzo, Petia! ¡Yo como un ladrón de hotel! Casi la dejo ir, la dejé ir, tal mi desencanto, cuando se abrieron las puertas del ascensor y desapareció su cara y sus piernas, su tobillo tatuado. Imposible remontar tan mala voluntad, tanta sospecha. En cero o habiendo descendido hasta lo más bajo mi misión. Con tan mal pie. ¡El consejo Lancôme! ¡Mi ridículo consejo Lancôme!

El rastro de perfume que dejó: a violetas. El sol calentándome los brazos, mis pies hundidos ligeramente en la alfombra en el piso, una alfombra horrible, de hotel.

Pero algo curioso aquí, Petia, algo del destino: había olvidado presionar el botón y no lo habían llamado, al lift, en los pisos inferiores (no hay liftior o muchachos del lift ahora en los hoteles: uno mismo). Detenida allí arriba la cabina, el aire acondicionado soplándome en la nuca. Repicó la campanilla del lift, la escuché repicar desde un lugar tan lejos como el sol, sentí descorrerse las puertas a mi espalda. Volvieron a alcanzarme el bochorno de la hora, jirones de música, la charla insoportable del barman, algo vulgar refiriéndose a la señorita desconocida, a la rusa: «¿Has visto qué tía?», o: «Despampanante, ¿no?», cosas así. Yo no tan vulgar, Petia, jamás hubiera dicho o gritado de la ma-

163

nera que lo hizo ese hombre llevando un servicio por entre las sillas de extensión.

Muy impactante tiene que ser, me dije acto seguido (lo sabía, lo había notado al momento), para que este camarero, con tanta mujer, tanta sueca (aunque ¿por qué sueca?, no particularmente hermosas), tanta italiana... Y sentí una ligera, ligerísima, imperceptible casi, oscilación o que cedió el piso y entraron otra vez a mi campo de visión el rojo de sus pies, la cabritilla, el tobillo tatuado. Posó su mano en mi espalda, me palmeó amigable:

—No te aflijas —me dijo—, no todas son tan listas como yo. Ya podrás desplumar a algunas. Me gusta tu camisa, además, ¿se visten así todos los ladrones en Marbella?

9

(Todo escrito tiene un autor, y éste, una intencionalidad.) Tardé en volverme, Petia, no me gusta que me traten así. Me gusta que me traten así. Ciertas mujeres, el dije de lapislázuli en su muñeca. ¿Qué decirle? La he visto, ¿sabes?, tu cartera de plástico, de ese vinilo duro y transparente con flores estampadas, ¿crees que supongo dinero allí? ¿Imaginas que no sé que protectores solares justamente, una polvera, lápiz labial? ¿Y cuánto dinero, además, en la cartera de una rusa? No le dije esto pero lo pensé y acto seguido debí decirme: mira cómo va vestida, ¡tonto! Más dinero en esa mujer, más dinero ha pasado por sus dedos que el que has visto jamás en tu vida (bueno, las piedras, es verdad, los diamantes en mi bolsillo, ¡pero falsos!). Estudié otra vez sus ojos malvas: seguridad, confianza por haberme visto de espaldas: un muchacho inofensivo, alicaído, en la caja del lift.

—¿Qué haces aparte de...? —No terminó su pregunta, se rió (aparte de robar, había querido decirme en broma, sabiendo ya o ya casi segura de que no robaba).

Y aquí, Petia, supe que debía empezar de tan lejos, remontarme a tan lejos y a tan inverosímil que desistí. ¿Cómo decirle, ¿sabes?, «trabajo para el Emperador de Rusia»? ¿O presentarme entrechocando los talones: «Jacques-Bénigne Bossuet, preceptor del Delfín»?

Y lo que me había parecido fácil, aventar entre los turistas rusos la idea sencilla de la fiesta, se me antojó en ese momento claramente imposible. Más con una mujer así, muy refinada, sus ojos delineados. En el punto de los treinta (más joven que Nelly, uno o dos años mayor que Larisa), en el momento de su existencia en que la gravedad toca a sus puertas, a colgar de sus mejillas esos pesos de muchos gramos que en los anuncios publicitarios tiran de ellas hacia abajo. Terrible. Y queribles y la lástima.

Se descorrieron las puertas. Las sostuve con la mano abajo, galante. Le dije: sé que fue tonto lo del sol. Algo que sabes o debes saber, claro. Pero muy fuerte el sol aquí.

Fue entonces que me preguntó: pero ¿quién eres? ¿Qué haces?

No había previsto ese tipo de preguntas. Barajé cantidad de profesiones, las presenté sobre sus ojos como un oculista prueba lentes sobre los ojos de un paciente. Interpuse mil imágenes: de bailarín, con cadena gruesa o sin ella, de marinista (en la Costa del Sol), de especialista en física cuántica. Estuve tentado de decirle que marqués (como Gumpelino), pero no, imposible. Me detuve entonces en el retrato de preceptor talentoso, adopté el aire de un tutor antiguo de manera que ella pudiera imaginarme con calzón ajustado y levita. Le expliqué, así ataviado (mi lenguaje corporal), mi vida en tu casa, mis clases al niño y, más recientemente, ayer mismo, el asunto de la fiesta. Me miró con viveza, lo entendió al instante, mi plan. Crecieron entonces sus labios y se movieron para decirme algo y brillaron sus ojos, la atravesó un temblor de pies a cabeza al tiempo que se hinchaban y crecían, neumáticamente, su frente, su cabello, su pecho, se hincharon y se achicaron en un segundo...

¡No te duermas, Petia! ¡Una mujer así!

Clawdia era su nombre. La hubiera ofendido mostrándole la carta que habíamos escrito Nelly y yo la víspera a Sus Majestades sin trono. Sin necesidad de eso. Me hizo alguna pregunta, se detuvo en un par de puntos. Se los expliqué en detalle. Jugó un instante con el cuello de su blusa, lo arrolló en su dedo, lo soltó. Conjeturó: unos veinte de nuestro grupo, diez del otro, quizá, en el hotel vecino.

Sólo a ella convencer, sólo a ella contarle la historia y el contenido de mi misión. Bastaría con eso. La seguí sin peso por el pasillo a medio iluminar, la fuerza y la inteligencia de sus pantorrillas a contraluz, la ecuación perfecta de la curva en su talle. Nos detuvimos frente a su cuarto, entró ella, se volteó para cerrar con suavidad la puerta, sin dejar de sonreírme un segundo. Nos vemos en dos noches, me dijo, ¿este viernes, no?, y cerró la puerta con agradable chasquido, echó el cerrojo, inapelable. Unos tres cuartos más allá una mujer absurdamente gorda y un hombre terriblemente gordo, un matrimonio de obesos, salieron al pasillo, caminaron hacia el ascensor. El inconveniente de invitar a gentes así, a turistas en shorts, personajes como el que me había encontrado abajo.

10

Porque debía, y era lo más terrible, Petia, lo que más pesó en aquel pasillo, poner mi plan en práctica. La necesidad de seguir adelante, el cansancio de todos mis fracasos anteriores. No sólo verlo con absoluta claridad en el libro: el único dinero posible, la manera más lógica de escapar de aquello, sino tener que levantarme, rondar el escaparate encristalado de la joyería, estudiar al señor joyero sin que cayera en la cuenta aquél, aguardar a que pocos o ningún cliente dentro, ponerme de pie, aprestarme, en suma.

Salvar de un salto ese momento de desánimo y sumido en el más violento balanceo gravitatorio por la aparición de aquella tercera masa, grande y luminosa como un sol gigante, como el sol de Aurora (en el escritor), sin dejar de pensar un segundo en ella, en Clawdia, la beldad que acababa de conocer. ¡Lo sabía!, ¡lo sabía!, ¡lo sabía!, me grité bajando de vuelta al lobby.

Lo había imaginado, que la playa, sus hoteles, llenos de mujeres así. Me gustaría, le dije, me encantaría, le expliqué, bailar contigo. Valsear suavemente por el jardín cuando ya fuera de noche, aunque ¿son también *garden party* por las noches o sólo de día, con carpas iluminadas bajo la mucha luz, las chaquetillas blancas de los mariachis, sus trompetas bruñidas con pasta dental?

Seguro de que multiplicaría la confusión si le hablaba del libro y de mi amor al libro. Como en aquella ocasión con tu madre, recién llegado a tu casa. Preferí, y es algo que te aconsejo encarecidamente que siempre hagas, Petia, mentir. Llevé la conversación lejos de mi (real, Petia, real) pasado de contrabandista, de dandy en Petersburgo. Tardé un segundo, hice una pausa antes de responderle, porque no quise aparecer ante ella como un preceptor, como un fracasado, es la verdad, sin dinero. ¿Quién decirle entonces que era después de tantos años y en pleno pantano o piélago viscoso? ¿La marca de agua de un pasado negro, el holograma que puesto al sol delataría las trazas ocultas de mi existencia? Falladas todas mis trampas: ni un lobato, ni un osezno, ni una pieza cobrada en años, sin dinero y sin ocupación fija. Había planeado vivir tan sólo con el conocimiento del libro, no volver jamás, mejor una ocupación más distinguida, pero ni eso: me había alcanzado aquí, dado caza la turbiedad y la opacidad del timo de tus padres.

Porque me hice la misma pregunta que te has hecho, hijo: ¿no podían, no sería más fácil vender el coche, hipotecar la casa, escapar sencillamente de allí? ¿A qué meternos más en aquello?

—No, nos darían alcance dondequiera que nos fuéramos —me explicó Nelly—, no ésa la solución.

Lo había meditado ella a profundidad y sin permitir que nadie interfiriera, Batyk, por ejemplo, con sus estúpidas ideas. Una única solución cada vez que lanzaba al aire los dados de esta historia, las posibles vías de escape. Y caían con férrea lógica: la impostura, el delirio de la impostura (hasta ella misma lo veía así), porque de otro modo: dondequiera que fueran a esconderse: en Chile, en la colonia de queseros alemanes, en una misión abandonada en Paraguay, o bien, girando el globo, clavando el dedo en otro mar, en la ex colonia hippie en Goa.

Sólo me confortaba pensar que una vez hechos ellos reyes, no me irían a buscar a Petergoff, no podría echarme el guante el señor de Carrera, los joyeros timados. Vendí las piedras, sin dudarlo un segundo porque Vasily me fabricaría más y porque las consecuencias que se pueden sacar del libro son clarísimas.

DÉCIMO COMENTARIO

1

Despierta el escritor, abre los ojos en aquella gruta repleta de oro y joyas y exclama: *¡Oh, maravillas de las maravillas!* Ricamente ataviado, el *kris* malayo en la cintura, el turbante en el centro del cual brilla con brillo inefable una Montaña de Luz. Hacia el territorio fantástico del libro, donde nadie jamás podrá destronarlo, revocar su autoridad, estrecharlo con pruebas. Sin principios que destruir, pruebas que acumular de su falsía. Nadie podrá parado en sus hombros atisbar más lejos como afirman los tontos (y el comentarista). ¿Más lejos que qué? ¿Que un pájaro? ¿Más lejos que sus plumas, más lejos que su pico, más lejos que su constitución de pájaro? Nada hay más lejos, territorio allende, construcción humana que supla la idea sucinta y diáfana del libro.

La fuerza y la sobrecogedora maravilla de ese pasaje en que Marcel descubre un agua innombrable en tierras del Ártico, un líquido espeso como goma arábiga. El asombro y el frío intenso que colocan en su pecho aquel portento. La descripción y el principio de una máquina nueva en todo ese pasaje: porque imagina, Petia, que esa agua se adensase y condensase no sólo en la mente del escritor, sino en la del más pequeño e insignificante técnico. El uso diario que podríamos darle, aprovecharla en esto: no cavar ya más piscinas, elevar en cualquier jardín un bloque hermoso de estas aguas quietas *de una seda irisada y cambiante,* dice el escritor y de *toda la gama de tonalidades del púrpura.*

¡Una montaña de agua! ¡Rielando al sol! ¿Lo imaginas? ¡Imagínalo!

En la que nadaríamos, entraríamos a ella sin que se viniese abajo porque conservaría su contorno rectangular o constitución cúbica. Ascenderíamos por ella con los brazos abiertos como pájaros en un pedazo fijo de cielo.

¿No es una visión la de los hombres volando dentro de esa agua no se sabe cómo condensada? ¿Verdad que sí?

Y habría una en cada casa, en todos los jardines, un cubo hacía arriba donde antes piscinas socavadas. Habiendo aprendido a aguantar la respiración, a acelerar dentro de la masa de agua, a impulsarnos de pared a pared, calculando y controlando el impulso para sacar tan sólo la cabeza, tomar una bocanada de aire fresco, los cabellos húmedos, el sol rielando en ellos. Saliendo, rompiendo la película ante las miradas de asombro, una cabeza abajo, cabezas arriba, jóvenes, riendo e inspirando profundamente después de haber gritado algo, de pura alegría, y volviendo al interior del cubo.

Un prodigio, un invento de fábula, el portento que examinaríamos vestidos como una pareja en un grabado de la Exposición Universal, el sombrero de copa, la sombrillita innecesaria clavada en el césped. O bien de shorts, también jóvenes, dándole la espalda al cubo, ya acostumbrados al milagro, por extraño que parezca, porque un milagro aun para el 2049, un milagro, y lo es también mi visión de aquellos jóvenes subiendo por dentro del cubo, hendiéndolo como pájaros que surcan el cielo. El bloque ondulante sobre el verde césped. ¿Lo has visto? ¿Apago el generador? ¿El campo de fuerza?

No, déjalo un momento más, por favor, lo estoy viendo. (Velo tú también.)

2

O lo que es igual: vendí las piedras sin dudarlo un segundo, porque las consecuencias que se pueden sacar del libro son clarísimas: tenía tu padre un laboratorio, una réplica de su laboratorio de los Urales en algún punto de la casa sin que hubiera yo podido determinar dónde. Un sótano, pongamos, al que bajaba con un delantal de cuero y una lupa de joyero en lo alto de la frente, atornillada al cráneo entre el cabello ceniza. Sin tenazas en las manos —aunque una imagen para el cine la hubiera necesitado—, pero al tanto yo del procedimiento científico, sin tenazas en las manos. Innecesarias para hacer crecer en la punta del yunque los diamantes, gruesos del tamaño de garbanzos, que apilaba en una jarra de cristal o en un florero vacío como caramelos en el consultorio de un pediatra.

Abría ese cuarto, un lugar débilmente iluminado, la sombra de su corpachón, los labios abiertos en una sonrisa rompiendo el contorno de la sombra en la pared. O bien desencajaba de un tirón la puerta de una campana de cristal y se introducía en ella enfundado en un traje estanco, de hule o amianto. Y echaba a andar la máquina tras cebar los extremos del yunque con la masa de metal enriquecido o lo que fuera.

No me lo contó en detalle, tu mamá, y no se lo pregunté. Sólo esto: una instalación portátil, que sacaba Vasily de debajo de la cama y con la que se introducía al baño, o una prensa enorme, estacionaria, que habría instalado al fondo del jardín, bajo la piscina o en el cuarto del buriato, junto al mío. Podía construir, me comentó, diamantes de cualquier coloración y quilates. Azul zafiro, rojo rubí, verde esmeralda, avivando o atenuando la llama de los mecheros Bunsen (es un decir, algo mucho más complicado que esto), aumentando o disminuyendo en varios escrúpulos las inclusiones, dejando a veces defectos como naturales en el diamante, en realidad calculados pérfidamente por él. Gemas enormes, como el Eugene o el Coromandel o incluso mayores, a voluntad. Indistintos, en esencia, de los naturales. No cubos de circonia, éste es un cubo de circonia, y éste también, fácilmente distinguibles.

3

En un principio pensé: rojo, porque el púrpura de los Reyes y porque el rojo del sol, pero luego entendí que azul. Porque el cielo que no es azul y por el mar que tampoco es azul y porque azul es el color del engaño. Filtrados los demás colores del espectro, favorecido claramente el azul en el diseño. Por alguna razón oculta, una causa que no logro discernir, que la vida aquí, bajo la bóveda celeste, ¿un sueño? Y si esto cierto, entonces una piedra grande, Vasily, de color azul e inmensa como un orbe. Olvidar las pequeñas piedras de colores que buscaríamos hacer pasar por reales. Mucho dinero en ello quizá, pero disperso el golpe. Una piedra única, inversamente. En lo alto de la escala que ajuste de manera descendente el cálculo de todas las demás.

¿O cómo pensar ni un segundo en un escudo antigravitatorio si eres, Vasily, el mayor, la única persona en el mundo, el mejor falsificador (fabricante, ¡fabricante!) de diamantes? ¿Alguien que atraería hacia sí, del mismo modo que las inclusiones metálicas atraen hacia sí y permiten que se condensen sobre ellas, átomo a átomo, la riqueza de todo un país? Reordenada la solución caótica y en suspensión que es hoy Rusia en una retícula coherente, ordenada en torno a un Rey. No en lo alto de la pirámide, no una pirámide: una esfera inmensa, azul, por la que viajando hacia dentro, descendiendo hacia su núcleo encontraría el viajero de Vega a un Rey, a un Zar, a ti, Vasily, tus labios tallados en la piedra azul, iluminado como un orbe

Al cual llevaríamos en hileras a los nobles electores, alisándose antes de entrar hebras de cabello sobre las sienes y gorros en mano, sin que palabra alguna flotara frente a ellos porque ha-

172

bríamos eliminado cualquier comentario o texto de sus mentes capaz de enturbiar la visión de aquel diamante inmenso, la prueba de la vastísima fortuna del hombre a quien debían proclamar Zar. Sus bocas desdentadas, piezas de oro en algunas, pasmados ante el brillo y el oriente «del mayor diamante jamás visto», esto sí, fácilmente. De modo que primero entrara esta frase y limpiase el lugar de la memoria en que se alojaría la visión para posarlo luego, al diamante inmenso, sobre aquella área de neuronas quemadas, blandamente. A irradiar desde allí, a brillar como una idea única y aprehendida de golpe: ¡nuestro Zar! Retroiluminados sus ojos por aquella luz en sus cerebros, lamentando haberte sostenido la mirada, negado haber leído los informes científicos que les mencionaste todavía en el jardín, aquel trabajo sobre la vida biológica de las piedras. «¿En cuál revista? No conozco esa comunicación. ¿En qué Academia dice? ¿En los Urales? Nunca viajamos a los Urales, ¿conoce usted al Dr. Brunstein, de Philadelphia? Es el primero a quien le oí mencionar eso que usted, etc.» Todas sus impertinencias, ¿sabes?, borradas como por ensalmo de sus rostros, primero pálidos, al comprender su error, y radiantes luego por poder ser los primeros en servirte, en postrarse ante su rey, a exclamar sin sombra de duda: ¡Zar! o ¡Rex! Abrirían, todos, sus pechos, usarían sus labios y la vehemencia de sus relatos para levantar tu figura, la historia de tu diamante único, sobre cómo habían dudado primero y sobre cómo se habían lanzado luego a tus pies a venerarte.

Me dirás: ¿tan sólo por la visión de una piedra? ¡Tan sólo por la visión de una piedra! Hermosa, de esplendor y brillo nunca vistos, que ocuparía toda una sala en las salas de sus memorias.

4

Lo sé, que dará resultado, porque dio resultado con el primero de los impostores rusos. En un baño, cuando atendía dignamente aunque de manera humillante para él a un noble polaco, un hombre indigno o noble menor en la casa del cual se había colocado como camarero Dmitri. Y en el baño de aquella casa, por la nimiedad, ¿puedes creerlo?, del agua uno o dos grados más fría al tacto de su espalda blanda y cerúlea, le propinó una bofetada, aquel hombre, a Dmitri, el hijo de Iván Kalita, salvado milagrosamente del cuchillo de Godunov. Se inclinó con humildad el Emperador, encajó la afrenta, habló con la mejilla ardiéndole, dijo: «*Sire*, si supiera usted quién le sirve, si lo imaginara, no se comportaría así.» Le respondió el otro, tiritando, en la bañera, más no de miedo, de frío: «¿Quién eres? ¿A quién no debía yo, llegado el caso y puesta mi espalda en contacto con una agua tan desagradablemente fría, propinarle una bofetada que lleve en mis dedos el mensaje de mi enojo, etcétera?»

—Soy —le replicó Dmitri, un niño casi—, soy el hijo de Iván Kalita, y mi garganta se resistió al cuchillo de Godunov en 1591, y otro niño, puesto en mi lugar, fue quien levantó el cuello a la lisonja criminal del asesino de «qué collar tan lindo lleva hoy, *Gosudar*» o «me enseña ese collar tan lindo, Príncipe». Y, cándidamente, el niño alzó la barbilla para mostrarle las cuentas ¡al asesino!, intersticio en el bloque de su ser físico que aprovechó aquél para rebanarle el cuello al pobre niño, que cayó presa de convulsiones y tinto en sangre...

Esto dicho, se sacó Dmitri de entre sus ropas una cruz bautismal de oro ornada con brillantes que puso frente a los ojos de su hasta ese mismo instante amo, que quedó congelado en el agua de la bañera.

No otro, se dijo el noble polaco, no otro que el *zarevitz* ruso tendría o llevaría semejante cruz bautismal en su seno. Y saltó fuera del agua y corrió con su mujer, a quien le ordenó que pusiera la mesa para un banquete e invitara a otros nobles menores. Regresó al baño, donde lo aguardaba el falso Dmitri, lo invitó a erguirse entonces, poniéndole su mano sobre el hombro y señalándole con la mano libre el caftán brocado con hilos de oro y perlas de río, la pelliza de marta cibelina, la espada de acero toledano, fundido su pomo de oro. Empujó luego la ventana de vidrio emplomado, le mostró unos caballos bellísimos enjaezados especialmente para él: alheñadas y trenzadas sus crines, encintadas sus patas con cintas de seda, piafando y despidiendo vaho sus belfos.

5

¡Igual el efecto que el diamante de tu padre causó en mí! Incapaz de detenerme en ninguno de los matices del azul, no un azul zafiro, no un azul añil, no cobalto: infinito y profundo como las aguas de un mar congelado. Fluctuaba, pero no como los visajes del cielo en el ocaso, bajando y temblando en el aire, sino como las aguas de un estanque por cuyo fondo corren y se desplazan las franjas en blanco de las luces cáusticas. Más grande y más hermoso que cualquiera que hayas visto nunca, Petia, la serenidad y la belleza de un lago en medio de un prado, toda la luz de la mañana, en él. Enorme, rutilante. Le dije: Vasily, ¡no tengo palabras!... (Algo así le dije.) Ni yo mismo...

Me había escuchado atentamente, lo había entendido a la perfección: un diamante grande y luminoso como la idea misma de un Rey. Cultivado pacientemente a razón de 0,2 quilates al día. Sin interrumpir su crecimiento o sólo en el momento en que, matemáticamente: el mayor diamante, jamás.

Porque entiéndeme: todo lo que debió sufrir, el fondo desde el que había debido ascender. No lo había visto así, Petia, me culpo por eso. La más completa miseria, las estrecheces en que transcurrió toda su infancia, la vida con la que lo que había soñado y por la que había creído le estaba permitido robar, timar. Tan en lo profundo que llegó a imaginar que nunca, en sus años, cosas, pequeños placeres como el jugo de naranja en el desayuno, ¿sabes?, día tras día. Un truco aquello para embaucar a los incautos, nunca tanto jugo para tanta gente. Y una vez en Occidente descubrió atónito el dorado mar de jugo de naranja en que se mecían los más simples campesinos de Valencia. Lo que lloró secretamente, lo que vio en Roma y en Viena, el dolor que sintió al recordar su infancia, la dura arcilla de otoño antes de la primera nieve. Sordo y mudo su padre, el rostro alzado al cielo, cayendo sobre él nieve. Eso me dolió, Petia, esa imagen. ¿Sabías eso, que tu abuelo sordo y mudo todos aquellos años?

Se había sentido timado, ¿cómo no timar? Que debido comenzar desde muy atrás, Petia, desde el fondo. Buscando desesperado un atajo a aquella luz, al dinero que comenzó a fluir con fuerza por todo el país como un río que reencuentra su cauce. Hasta que lo vio: cambiar el gradiente, hacer crecer, capa a capa, los más perfectos diamantes jamás fabricados. Nunca, nadie, en todo el universo. Todo lo que vio que podría conseguir con eso, no dinero, no un timo, eso fue después: fama, honores, un puesto en la Academia que, ¡ay!, pronto dejaría de existir.

Dispuesto, la mañana en que concibió hacerlos pasar por verdaderos aconsejado, fuerza es decirlo, por el oscuro corazón del buriato, a no ser más un hombre pequeño, ese personaje que en el escritor muere de angustia por haber estornudado en la calva de un conde... Ser él el conde, limpiarse, grave, la cabeza con el pañuelo de seda, musitar sin voltearse: «No se preocupe, no ha pasado nada.» Esa transformación había querido, nada de hirientes ventiscas, la catástrofe de un capote arrancado de sus hombros para el que habría ahorrado toda su vida.

Atravesamos el jardín, caminé junto a él, conmocionado. Le dije: «Sé lo que quieres decir, Vasily, lo entiendo perfectamente, que te gustaría invitar a Larisa a la fiesta, pero no puedes.» Me lanzó una mirada de rey encerrado en su carreta (en Varennes). Infinita tristeza en su semblante, apagado o como un rescoldo lejano su ojo malo. Subió al coche, se inclinó sobre el tablero, lo puso en marcha. La manera que tienen las ruedas delanteras de esos coches caros de ladearse, hincarse al doblar, levantar la testuz y arrancar en un solo impulso, tu padre, el rey, al volante.

6

Y en la misma inteligencia de la dignidad reconquistada supe al momento cuál divisa convendría a nuestra Casa. Una protesta escueta y franca de la impostura: *«Esse est percipi.»* En el sentido de: si percibes un Rey, si aparece frente a ti un hombre con el continente de rey, la mirada augusta de un Rey y la parquedad sentenciosa de un Rey, no pongas en duda de que estas ante un Rey o un Príncipe. Que también, por añadidura y quiéralo Dios, flotaría sin hundirse, como París.

El mar, los días felices, que recordaríamos como felices, junto al mar, en el primer cuartel. Un campo ondado en azur, sobre el que flotaría el Castillo, Miramar, la mansión de muchos dólares. Un escudo llano, los escasos muebles de una dinastía nueva: sol levante en su esplendor sobre diamante alumbrado... Olvidar los atributos de las viejas familias rusas, el halcón de los Orlov, el águila bicéfala de los Paleólogos. Como mismo Napoleón había abandonado sabiamente las viejas flores de lis por abejas de oro en campo de azur. El blasón de una nueva dinastía, la del *Estanque,* en el que me reservaría el modesto papel de tenante: un moro u hombre salvaje natural, un americano, de cabellera larga, el pie adelantado, la pluma de preceptor en ristre. Y por el lado opuesto, por el siniestro, un animal con cara humana, un monstruo. No un unicornio, no un león rampante, no una simpática mujer marinada: el rostro bifronte para una idea o señal de su doblez, las fauces abiertas, colgante su lengua viscosa.

Había dejado de hablarle, ¡cuánta razón tiene el escritor donde afirma sabiamente: *la tierra está cubierta de personas que no merecen que se les hable!* A Batyk, al que encontré tras haber despedido a tu padre, escuchado su tremenda confesión. Tendido junto al agua, a plena luz del sol y más visible por ello su falsía, como un lagarto simple, no de Komodo. Me vio venir por sobre la hierba atravesando el jardín y a punto de rebasarlo, sacó su lengua ahorquillada y habló.

—Me enternecen —se dirigió a Astoriadis que comía uvas de un plato (¡compradas con mi dinero!)—. He aquí a dos amigos que no han dejado de divertirme. Un par de ingenuos que imaginan que alguien, alguna vez, tomará en serio su plan, la absurda idea de un Emperador... Le he dicho a Nelly, le he insistido que diamantes más pequeños, para anillitos de novia, inundar con ellos el mercado, venderlos como naturales...

Algo así dijo, Petia, jactándose, en esencia, de su desenfrenado amor a la mentira. En un momento en que todos habíamos decidido darle la espalda y la habíamos entendido como una solución falsa. Pero no él, que volvió una y otra vez sobre lo mismo: ¡mentir, mentir!, gritó. Jamás decir la verdad, todo lo contrario, siempre la mentira. No afirmar ni citar o mencionar jamás eso de que no se puede decir todo el tiempo mentira o mentir todo el tiempo a todo un pueblo, esa absoluta tontería, que jamás adulto alguno suscribiría. Frase que, glosada correctamente (se mofó abiertamente de mi método, Petia), dice —y levantó el dedo, como dizque yo hacía. ¿Cierto que no? ¿Que no asumo ese aire falsamente doctoral?— inversamente lo contrario: «Jura y perjura pero no reveles nunca tu secreto.» Rió aquí odiosamente, se palmeó con fuerza sus muslos, me miró de arriba abajo, divertido.

¡Cuánto mal gusto en Batyk! ¡Cuán bajo y plebeyo haber sustituido su ojo saltado en una riña con aquel diamante lapidado! Las dendritas de todas sus mentiras, el tornasol metálico de aquella malla fulgurándole odiosamente sobre el pecho, Petia, un hilo muy delgado, invisible casi, que hasta ese instante no había notado y que sólo entonces percibí por aquel reflejo que se irisó y viajó por él como por una balsa de aceite.

8

No abrí ni por un momento la boca, no aflojé el puño en que escondía el *Estanque*. Me alejé de él sin darle la espalda y entré a la cocina todavía con tiempo suficiente, ante la llegada de los invitados, para poner en práctica la segunda parte de mi plan: algo más sencillo pero no menos impactante, la descripción y el principio de una máquina de burbujas en el libro. La manera como la construí rápida y sin esfuerzo ante los ojos asombrados de Lifa. Solo debí juntar sus piezas, hacer girar el disco horadado por la solución jabonosa, el soplo de la máquina haciendo crecer una burbuja en cada orificio. Subiendo más fácilmente las pompas más pequeñas, salvando con mayor agilidad el muro, cayendo sin dañarse sobre las rugosidades del asfalto, amoldándose sabiamente a los picos y puntas de esta nueva situación, transmutándome en otro joven, un nuevo yo sobre la calle oscura. Echaría una última mirada por sobre el hombro: sólo hay una ciudad en este mundo cuyo nombre responde a esta condición de un alma más ligera: Los Ángeles. ¿No era un bonito nombre con el que soñar aquí en Miramar, sabiendo que todos corrían hacia un final de burbujas?

Regresé a la sala, saqué uno de los colmillos de elefante de su base y lo puse, al *Estanque*, en su lugar. Tanteé con la vista el grosor del vidrio y por este miedo al robo y otra vez por el disgusto con Batyk pensé en esto sin apartar la vista de la piedra: que el escritor pone un avestruz en su fiesta en Kimberly, porque extrañamente sus personajes bajan a Kimberly, a una sala en

Kimberly (en Sudáfrica), donde aquel animal se traga la piedra expuesta, un diamante de valor incalculable.

No creo necesario comentarte el pasaje en extenso, sólo esto: que la piedra en el cuerpo cálido del avestruz, confundida con las otras piedras de las que se sirve para moler el maíz, logró conservarse en su interior gracias a la delgada película de grasa que la cubría y que meses después, al ser extraída de allí y resecarse, explota.

Pero antes de eso y la noche misma de la fiesta no caen en la cuenta de su desaparición los personajes del escritor allí reunidos, ni el escritor mismo que aguardaba en la biblioteca adonde lo habían hecho pasar mientras sonaba la música, y mientras el avestruz se colaba, inadvertido por los demás visitantes, y adelantaba una pata, su muslo grueso de avestruz (los venden ahora en los supermercados) sin congelar aún, en dirección del fulgor llameante de la piedra.

No corríamos ese peligro de la entrada de un avestruz aquí en Marbella, ni una familia con avestruces aquí.

Mi plan funcionaría, habíamos superado el peligro.

9

Lo que quieras, le había dicho, lo que quieras: la idea tonta y absurda de un Rey, de un Imperio. Si eso le hacía doblar el talle más flexiblemente, hacia atrás y entre mis brazos como una bailadora de tango, los dos en la pista de Isthar mientras su marido despachaba al embajador de Martinica. De perfil en más fotos de las necesarias yo, por sobre el boa de plumas en su cuello. La más bella mujer, debo decirlo, las más bella, a pesar del esplendor y del color sin nubes de Larisa y de la piel rubescente de Clawdia. Bellezas semejantes aunque resueltas en gamas diferentes: oro y turquesa Larisa, rubíes y violeta Clawdia, marfil y ónice la mía. La manera como el pelo le caía por entre sus bellos omóplatos, la suave curva del cuello, la mujer más hermosa, Petia, y la más sensual, tu mamá.

El modo como fue cambiando el trato de tu madre hacia mí, displicente al principio, en las primeras semanas, cuando me llamaba, invariablemente, «solecito», y luego, creciendo, a sus ojos, en el sentido de «soy el sol de Babilonia que hace brillar la luz sobre la tierra de Sumer y Acadia».

No había perdido ni un segundo calculando enternecido cuántos años me llevaba, cuántos tendría para cuando yo los de ella ahora. Como en esas novelas en las que un joven se enamora de una mujer mayor o bien, en el escritor mismo, de la condesa de Stermaria. Habría más mujeres en Moscovia y en ciudades como Burdeos y Lisboa, puertos de mar, sus senos que capturaría al vuelo en mi calidad de Secretario Real, la hilera de pechos blanqueando como rostros en un pasillo. Por el que avanzaría fuertemente perfumado camino a mi gabinete. A estampar firmas con la diestra sin que mi palma perdiera la configuración cónica de aquellos pechos y sin que me invadiera, ni por un momento, el temor a la muerte. Lanzándome a bailar con alguna de ellas, sus vientres y sus brazos enjoyados, si en medio de una tarde me conectaba al burbujear de un día feliz, la luz ámbar de la hora, reclinando mi cabeza en el seno de la más joven, haciéndome leer, Petia, fragmentos de libro.

Tinajas de fresco vino en aquel jardín, pétalos de rosa en el agua iluminada.

No había dejado de mirarla ni por un segundo, ni un solo día. Habían sido muchas las noches cuando regresaba de la disco en las que había dudado si subir a buscarla, a que terminara en algo mayor su amago de beso en el acantilado. Me detenía a veces en plena clase, levantaba la vista de la página y me acercaba a la ventana por si la veía abajo, nadando en la piscina. Rodando y yendo hacia ella con la inevitabilidad de una esfera que rueda, cae y se desliza por un plano inclinado.

Pero silencio, ¿qué resplandor se abre paso a través de aquella

181

ventana? ¡Es el Oriente, y Julieta, el sol!, etcétera, como en Marlowe. De pie, Petia, bajo el vitral iluminado del baño de tus padres, parchado el césped por sus luces de colores. Vivamente, en ese momento, entrando Nelly al agua espumosa de la tina redonda, probando con el pie si caliente o fría, la curva blanda de su pie como el cuello emplumado de un cisne. (El secreto deseo de verla desnuda, de espiarla mientras se acicalaba frente al espejo de tres lunas.) ¡Y más! A por mi premio, Petia *(en ocasiones trae consigo lascivia),* a por ella, a resbalar juntos por la porcelana. O bien, si le extrañaba verme en su cuarto, le diría que a mostrarle las burbujas de la máquina, ese pretexto. Empujé la puerta de baño en el cuarto a oscuras, pivoteó con suavidad la hoja, flotó hacia atrás como sin prisa, abriéndose, y descubrió una visión que me dejó sin habla, nítidamente: las alas y el pecho y el cuello de un pájaro.

De un pájaro enorme.

10

Sus recias patas aferradas duramente al reborde de porcelana, sus muslos recubiertos de plumas como los muslos de una modelo de Lagerfeld. La riqueza y el fasto de un atuendo hecho de las plumas de una sola ave gigantesca a la que hubiera sido necesario dar caza primero, coser luego cuidadosamente, supervisada la hechura por la mano fuerte y nudosa del propio Lagerfeld. De modo que ajustara perfectamente sobre el torso de la modelo y bajara hasta mitad de la pierna, al descubierto las musculosas pantorrillas. Sus andares de tigresa (aunque un pájaro aquí). Cayendo o dejándose caer sobre una cadera, sobre la otra. Acomodándose sobre una cadera como para permanecer allí mucho tiempo, yendo acto seguido hacia la otra cadera. Sin avanzar a lado alguno aquel pájaro en el baño de tus padres, posada en la bañera circular o por su nombre japonés: jacuzzi. Los brazos modosamente a los costados e inclinada hacia delante, abalanzada, con toda la fuerza de una expresión organizada hacia su pecho. La barbilla ¡de su rostro de mujer! contra el pecho emplumado.

Descompensado por la sorpresa, Petia, sin saber de dónde aquel monstruo suave, enorme. ¿Era la imagen holográfica de un pájaro inmenso que el profesor Kuropatov, o como si dijéramos, el profesor Caligari, había creado en su laboratorio, y avanzado también más lejos que nadie en el mundo en un nuevo campo de avatares caseros? ¿Un fantasma, una creación de aire? Pero ¿cómo tan vivida y cómo tal real? Reprimiendo el impulso de entrar a abrazarla como cuando nos acercamos al televisor a escudriñar el rostro de la presentadora y percutimos el vidrio, enamorados...

Abrió su boca el pájaro, se balanceó un segundo sobre el borde, dejó que por su pecho rodara hacia abajo, sin esfuerzo en los músculos del cuello, una primera nota, un suspiro prolongado que fluyó larga e incontenibleemente, al tiempo que intentaba abrir las manos que habían quedado atrapadas, adelgazadas y frágiles, en los huesos de sus alas.

Me llegó al alma aquel canto, me alzó por sobre la casa y por sobre toda la costa y me trajo de vuelta en un segundo. El recuerdo de aquella vastedad, la oquedad o el vacío de un sentimiento expandiéndome el pecho, atravesándome su canto como la hoja de un cuchillo de aire, que hurgó en mi corazón y se aposentó en cada uno de los senos de mi alma. Y sin saber qué hacía, sin entender que aquel movimiento podía delatarme, empujé un poco más la puerta para verla mejor. Cruzó mi mano arriba las teselas del piso abajo, espié las ventanas, barrí con la vista el suelo por si veía la cápsula o el generador de aquella imagen, de la mujer, del pájaro (no la encontré). Fue mi pie a seguir el movimiento de la mano, a pisar el mosaico del piso cuando un pensamiento me hizo detenerme, este pasaje que cruzó fulgurando mi mente: —¿Un espíritu? —dijo—. Es posible que lo sea; pero, en tal caso, hay algo que no puedo comprender. ¡El eco ha re-

petido sus palabras y así como nadie ha visto un espíritu que arroje sombra, tampoco su voz ha de tener eco! ¡Quisiera saber qué clase de fantasma es ése!

¡Era Nelly! Porque también, y acto seguido, lo supe por el collar que rodeaba el cuello del pájaro y con el que la había visto tantas veces nadar en la piscina, que jamás se quitaba para nadar. Radiando ahora desde su cuello al tiempo que cantaba y movía lentamente la cabeza, de modo que los rayos que salían de las piedras iban moteando las paredes, los vitrales, el piso, con puntos multicolores. Habiéndome impedido el eco de su canto dar un paso en falso, Petia, delatar mi presencia, que la reina alzara la vista y se acercara a mí, velozmente, con el movimiento desacompasado de un ave que corre, que coloca sus pies o patas sobre una línea invisible, a sacarme los ojos, duramente, con su pico, uno y dos (picotazos), a cegar los ojos que la habían espiado, aunque no desnuda: convertida terriblemente en pájaro.

Pero ¿qué temía? ¿Qué temía que yo no podía ver? ¿Hacia qué abismo nos desplazábamos sin que pudiera yo verlo, hablándome aquel canto del peligro que nos acechaba, clavada su mirada en su rostro en el agua, roto el reflejo por aquellas lágrimas? No poder descansar en el vuelo, no poder planear tranquilamente con los brazos en cruz por el añil del cielo y los rojos del horizonte, por única vez en nuestra vida, Petia. Porque incluso en nuestro vuelo... Furias como Batyk.

Bordoneó el gong de la entrada: alguien, un importante invitado, había llegado. Un *la*, espeso y lila, se colocó en la ventana, fluyó al cuarto de baño. Alzó los ojos para verlo el pájaro y me descubrió de pie junto a la puerta. Fue a decirme algo, fue a abrir la boca, pero abrió antes su pico Batyk, abajo en la sala, y graznó: ¡Su Alteza Serenísima Simeón de Bulgaria!

Corrí abajo. La fiesta esperaba. No había un segundo que perder.

—¿Mi mamá?

—Tu mamá.

184

UNDÉCIMO COMENTARIO

1

Era un hombre cabalmente bueno, que no soñaba los horrores en que se hallaba enredado más de lo que, a mitad del verano, los ojos distinguen las estrellas ocultas detrás de la luz del mediodía. Así el escritor.

En el sentido de que el joven preceptor con el franco rostro vuelto hacia ellos, dejando entrar por sus ojos la luz que los contenía a todos en forma de figuras luminosas, era incapaz de comprender hacia dónde corrían los fluidos de la trama, las guedejas en rojo de la tarde, volando todo hacia el horrible desenlace. El niño saliendo de la piscina, el buriato de pie invariablemente junto a ella (nunca lo había visto bañarse, ¿cómo no desconfiar de un hombre así, que a su vez desconfiaba del agua?), deshaciéndose todos en jirones, los cuerpos de humo que se desvanecen, si alguien abre una ventana, una portilla en el volumen que los contiene y los vemos alargarse, estirárseles el torso en la misma dirección de la corriente o vendaval, partiéndose por un cuello que se afina demasiado, desapareciendo por el mismo vórtice, desprendida la cabeza del tronco. Los muñecos planos que en un polígono de pruebas representan la familia y la casa con jardín, arrancados de cuajo por la onda expansiva, succionados por el tiro a sus espaldas.

Y el preceptor en esa escena del libro nada es capaz de adivinar, de conjeturar. Que a eso aduce el escritor con esa imagen sorprendente: de un hombre incapaz de adivinar, a mitad del verano, *más de lo que los ojos distinguen las estrellas ocultas detrás de la luz del mediodía.*

¿Puedes imaginar, considerar mayor, mejor imagen de inconsciencia y ceguera involuntaria en la literatura universal?

No. Y sirve para ilustrar, ¿entiendes?, cualquier estado de ánimo similar, igual confusión en cualquier otro hombre o preceptor. Para siempre.

2

No necesité días para comprenderlo, para descubrir la monstruosidad de su engaño, la perfidia con que sus dedos habían acariciado mi nuca entrelazados tiernamente en mis cabellos. ¡Oh, horror! Había estado dispuesto a darlo todo, a comprometer mi viaje a Amérika, a poner en peligro mi vida por una mujer que no había pensado más que en engañarme, en mentirme, desde el comienzo mismo. Una mujer tristemente enamorada de su esposo (no del preceptor de su hijo). Que todas las veces que había ido a verme pretextando interés en la educación (principesca) de su hijo, de ti, Petia, había adelantado su cabeza y la había pasado por el hueco de la puerta albergando en ella los más negros propósitos de engañarme, de verme como vendedor de joyas, del remanente de la amplia producción de piedras coloreadas de su esposo. Habiendo fracasado y arruinado miserablemente todas las misiones de venta, encontrándose ellos varados en plena meseta castellana, entre las dunas del desierto, sin que por costado alguno, ni por el frente ni por detrás (volteándose a otear el árido paisaje), vieran aparecer al caballero armado en oro y plata, resplandeciente al sol, que llegaba a salvarlos. En terrible atolladero y desconfiando y odiando, sin que yo lo sospechara y sin que nunca me lo hubieran hecho claro, a Batyk, de quien había sido, como sabes, la idea de timar a los perterburgueses y la idea, aún peor, de esconderse en España y, en ella, el último lugar que debieron escoger para hacerlo, Marbella, la ciudad aquella plagada de ladronsones y mafiosones rusos.

Ellos no, ellos científicos, timadores diletantes.

Y una tarde (ya te hablé y te pinté esa tarde) habían escuchado el toque en la puerta, el tímido roce en la puerta, del pequeño *Holgersson,* a quien dejaron entrar sin apartarse ni un segundo de aquel problema. Contratado el personajillo para al menos salvar al niño, alejarlo de la insufrible y baja y plebeya televisión española, sin que interrumpieran ni por un segundo sus atormentadas deliberaciones, hasta que la halé del ruedo del vestido, a tu mamá, y la obligué, diminuto como era, a inclinarse a un costado, a que mirara abajo, en el piso, y le señalé con el índice un pasaje del libro, sus láminas iluminadas, los muchos cuadros que se pusieron en movimiento ante sus ojos asombrados. Aquí, le dije, una salida y una solución. A todos sus problemas. Elevándome y creciendo a medida que se inclinaban ellos, los veía encorvarse bajo el peso de la evidencia del libro, yo en el centro de la habitación resplandeciendo, hasta que: la solución: el rey, hacerse rey. Se miraron, intercambiaron una rápida mirada ella y su esposo, concibieron timarme, encauzar toda la fuerza de mi generoso corazón, de mi candorosa bondad a sus propios y tenebrosos fines.

Donde dice, por ejemplo: *sin que yo atinara a dar un paso, o mejor, caer al suelo, regresar al suelo, mis pies a un palmo del suelo, cayendo y regresando lentamente a él, sin salir de mi asombro.* Que admite, este pasaje, y es forzoso interpretar hacia el sentido de que debió explicarle con toda paciencia a la persona que le hizo quitarse el collar aquella mañana, a Batyk, que por el contrario no debía dejar de usarlo, bajar diario a desayunar con él. Que ese collar, su peso, combaría el piso debajo de mí de modo que rodaría fácilmente hacia ella atraído por su brillo, que sólo así convencerme de vender las piedras, que no dejaría yo de orbitar junto a ella, revoloteando frente a su pecho, como un pajarillo cautivo en el campo de fuerza o gravitatorio de un pájaro mayor. Dispuesto a salvarla (postrado a sus pies), a conseguir –con riesgo de mi vida– el dinero que necesitaban para huir.

Pero no importa.

O sí, sí importa. Explicado con absoluta claridad en el libro sexto. Donde el viejo Karamazov dice de manera literal y sin que requiera comentario alguno: *He mentido, he mentido decididamente, toda mi vida, todos los días y a todas horas. Es verdad, soy la mentira y el padre de la patraña.*

Y enseguida, donde dice, donde me dijo: que un tallador de diamantes, un lapidario debe verse a sí mismo como un rayo de luz o, algo todavía más insólito, ¡cabalgando un rayo de luz! Imaginarse entrando a la piedra ya tallada, al brillante, a horcajadas sobre aquel rayo para entender mejor y a cabalidad el efecto de la luz en su interior, las paredes contra las cuales rebotará y por cuáles de ellas saldrá refractado a herir la imaginación y a engañar la vista.

¿Cómo no iba a saberlo todo una mujer así, conseguido engañarme una mujer así, una sirena, una mujer-pájaro? ¿Cómo, Petia, cómo, ustedes, mis queridos lectores? ¿Cómo?

3

Y bien, no importa: la quería. Y bien, no importa: este libro es el más grande. Y bien, no importa: saldríamos de allí, sabría llevar a buen término mi plan. La quiero, la sigo queriendo, Petia. Aunque haya cosas que no puedan ser explicadas. Pasajes oscuros, que retan la imaginación y ponen a prueba la credulidad del lector. Lo sé, y no me detengo por ello. Porque es más que probable que el texto original haya sido corrompido por Humblot, que la misma mano envidiosa que rechazó el manuscrito original haya intercalado frases que no figuraban en la primera versión y cuyos significados jamás puedan ser develados, Majestad (a Simeón).

Lo que he tardado, las vueltas que le he dado a estas palabras: *Dios ha dispuesto, y yo así lo creo, que no todos deban ser ricos, pues Dios sabe muy bien por qué no dejó que creciera demasiado la cola de la cabra.*

Que al principio, en mi adolescencia, cuando leía el libro tan sólo como una obra de ficción y desconocía o meramente intuía la mina de sabiduría que es en realidad, me inclinaba por una lectura alegórica y contraria a su significado patente. En el sentido de que una cola más larga no señalaría a un puñado de elegidos y poderosos, que tan sólo un capricho de la naturaleza del que no sacar implicaciones morales o humanas. Pero que ahora, con los años, he llegado a sospechar una intención más literal en el escritor, bien distinta a la que pondría un autor viciosamente oscuro como Theophrastus Bombastus (Paracelso). Que sí, que un puñado de elegidos y poderosos. Yo en ese puñado y tu padre y tu mamá en ese puñado y el escritor, déjame decirte, fuera del puñado, más alto que el puñado. De lo que se desprende que no podía aplicarle a ella, a tu madre, los mismos criterios con que juzgamos a los particulares, que ella, como Vuestra Excelencia (a Simeón), queda al margen y excluida, eficazmente, de mi ira. Que tendría sus razones para haber actuado así, y que no era yo nadie, en mi insignificancia, para juzgarla.

—Mis palabras, Majestad, no buscan granjearme su simpatía. Así lo digo porque así lo siento. Regresar a una inteligencia anterior a 1793 (guillotinamiento de Luis) o incluso a 1649 (decapitación de Carlos). O como si el intervalo entre 1917 y hoy no existiera. Borrado el horror de las dos guerras, un tiempo en que no veo azul, nubes púrpuras, planetas abajo, por la claraboya de mi nave, sino muerte, ismos, campos de exterminio. ¿Es vida? Sí, pero no en una forma humana. Una pseudoformación,

189

un golfo de tiempo, una yema o brote que debe ser extirpado. Me lo he dicho a mí mismo en incontables noches, porque si hay tan pocas flores, si hay un solo sol, ¿cómo pretender ser todos flores y todos soles? ¿Y el éter en que respiran y exhalan su fragancia? ¿Y las ramas que sostienen al sol que brilla y gira en medio de sus formaciones verdes, Simeón?

–Sin detenerme un segundo, Usía, en el argumento falaz de que está superada tal idea, de que una forma atrasada de gobierno, de lo que se entendería que formas más modernas o adelantadas; métodos para gobernar intrínsecamente mejores, o formas de gobierno más progresivas y adelantadas. Que una comunidad (europea) mejor que un imperio (asiático), que un presidente mejor que un Rey, que el *Inocencio X* por Francis Bacon (un comentario) mejor que el *Inocencio X* por Velázquez (el texto a comentar). Colocados en una escala, y no como los veo, equidistantes, equivalentes, combinables. Todos los argumentos a favor de un régimen de representación directa o indirecta fácilmente aplicables a un Rey. Contra Tarquino el Soberbio y a favor de Tarquino el Soberbio...

Aprovechó Batyk el tiempo que le tomó a Lifa llegar a nosotros con las bebidas, pareció materializarse en momentos discretos o pulsos de tiempo: en la puerta de la sala: en el centro de la sala (sobre la alfombra atigrada), dos junto al *Estanque,* tres junto a nosotros, a mí y a Simeón. Untuoso como un ujier, lisonjero como un visir:

–¡Habla usted como un libro! –terció, y se inclinó profundamente ante Simeón–. No sabe cuánta razón tiene Su Excelencia (a mí) porque hay ya un inicio de terrible argumento contrario a la república en ese solo hecho fatal de que toda monarquía puede en veinticuatro horas trocarse en república y, en cambio, ninguna república puede en veinticuatro horas improvisarse en monarquía. Retornar a la naturaleza, recaer en la barbarie, volver a lo elemental, es siempre fácil, porque no hay más que dejar ir; la naturaleza siempre está ahí, en el fondo, acechando. Lo que no está siempre ahí es la civilización, que es trabajo, vencimiento, tiempo y paciencia.

¡No pude creer lo que estaba oyendo! Fui a decirle algo, a rebatir su absurdo argumento, pero el Emperador, tu padre, hizo su entrada. Se prendieron, una a una, las luces de la piscina. Dentro, un haz despertó al *Estanque*.

4

Gorjeé sonoramente, sacando el pecho como un pájaro: Basilio I, Emperador y Autócrata de Toda Rusia, Moscú, Kiev, Vladimir Novgorod, Zar de Kazán, Zar de Astraján, Zar de Polonia *(luego veríamos eso)*, Zar de Siberia, Zar del Quersoneso Táurico, Zar de Georgia *(y esto)*, Gran Duque de Finlandia *(esto también)*, etcétera, etcétera, etcétera.

Rutilando Nelly en lo alto de la escalera como una reina real, mil veces más luminosa y radiante que Maha, la hija del rey de Tailandia. La majestuosidad y la gracia con que barrió la multitud, el aplomo con que permitió que algunos hombres y muchas mujeres le besaran la mano. Cómo me acerqué a ella palpitándome todavía el pecho, sobrecogido por la visión de su torso convertido en pájaro. La gracia con que se inclinó hacia mí, descendió hacia mí, bajó hacia mí con la lentitud de una diosa, la estatua policroma que en un cuento de hadas cobra vida, dobla milagrosamente el talle, se pliega su vestido de madera pintada, se viene sobre ti y te besa. Me dijo, me susurró al oído: «Te lo agradezco todo, tu esfuerzo, Psellus, serás recompensado.» Risueña y divertida por impulso tan infantil en mí, porque fui a caer de rodillas, besarle la mano, descubrió ella ese movimiento y posó su mano en mi frente. Cómo flotó luego por toda la sala y fue a colocarse contra el fondo verdiazul del *Estanque*, se posó y se aquietó Nelly, las manos al frente, también ella titilante como una estrella.

Brillando Vasily en su Savile Row, iluminando las personas, el grupo de turistas hacia el que volteaba graciosamente su torso. Barriéndolo con la luz de su bondad infinita y de los diamantes cosidos en su pecho y por toda la bocamanga del saco y en los ojales del chaleco. Gemas azules y rojas cubriendo su enorme cuerpo como lágrimas de resina en un árbol: un pedazo de cielo girando majestuoso, las estrellas que titilaban en el abismo oscuro o universo insondable de su cuerpo. Deteniéndose y plegándose extrañamente, al dar la mano, aquella oscuridad visible, saludando a la concurrencia y con pleno dominio en la voz, porque tu padre había cambiado, mudado su cubierta o caparazón acanalado de hombre mezquino y vestido el traje constelado de hombre superior. Sabía que debería reinar, hacer justicia sobre todos los rusos, sobre los vacacionistas de Irkutsk, sobre el odioso profesor Astoriadis, sobre la bellísima Clawdia, rodar brillando por sobre ellos con la calma y parsimonia de un astro que aportara bienestar y entendimiento, un sol de justicia.

Tú en tu capa de Pierrot, la promesa cumplida de una novísima moda infantil. Abandonado tus infames vaqueros por calzas de un material nuevo, un tejido inteligente que a una orden de su dueño lo rodearía y se elevaría reptándole por toda la pierna, cubriendo su cuerpo. Maravillado su dueño ante el espejo, plegándose al más fino impulso de la mente aquel traje, los dibujos más caprichosos, los arabescos más raros, la singularización y el olvido (¿y la democratización? ¡Y la democratización!) de Hilfiger y Dolce&Gabbana, un único nanotejido madre, la nobleza y el gusto y la inteligencia de cada cual patente a todos los ojos, puesta al descubierto.

Más brillante que el Rabanne de tu madre, todavía más magnífico que el atuendo solar de tu padre, cautivada la imaginación de todos los hombres, de todos tus súbditos. Recomenzar, pensé, donde mismo había terminado la dinastía anterior: con las fotos coloreadas a mano de los Grandes Duques, que se vendían por toda Rusia en el año 14 y en los años 15 y 16 y 17.

Una campaña con sordomudos que las repartiesen en los trenes, interrumpiendo las conversaciones, las pláticas insulsas de los pasajeros. Las postales que estudiarían con devoción, dejando a un lado sus tontos y resentidos comentarios, iluminados sus rostros por la visión de Nelly, tu esplendorosa madre, de Vasily, empedrado de brillantes, de ti, Petia, como un niño posterior, la imagen platinada y en titanio de Doncel del Mar.

Todo el país, sus mineros que gateaban arrastrando un pesado martillo neumático y luego salían al sol con la cara y los pulmones tiznados de negro, temiendo morir jóvenes y por lo mismo emborrachándose sin piedad los días de paga, la enfermera que se pincha sin querer con la aguja de un enfermo desahuciado, la maestra de música que frente a un mostrador extrae una cartera blanda por el uso y calcula que sólo le alcanza para media hogaza de negro y media hogaza de blanco, el maestro vidriero en Pskov, un contador de genes en Perm, todos ellos colgarían orgullosos las reproducciones en plástico de la Familia Imperial y musitarían sin apartar la vista del cuadro y yendo en su casa a otros quehaceres: éste sí, el padrecito, pondrá orden, los meterá en cintura.

5

Y se pregunta en este punto el comentarista con un giro insufrible: «¿Qué busca decir, qué mensaje liberar del pasaje citado?»

Respondo: en el sentido más llano y todo lo contrario de una interpretación rebuscada u oscura, que la idea de un Rey es sencilla, clara y de elegancia profunda, fácilmente asimilable, perfectamente coherente, esférica. Que nadie, jamás, en toda Marbella (¿y por qué tan sólo en Marbella? ¡En toda España! En toda España, tienes razón), que nadie jamás un espectáculo como éste. Nunca. El entusiasmo, los transportes de alegría que despertó la piedra azul, el pulso que imprimió a toda la reunión, la confianza que despertó en mí: ¡estábamos salvados, mi plan había funcionado!

Igual transformación milagrosa en los Verdurin, de pelmas insufribles a príncipes de Guermantes. Y en diez veces menos páginas que en el escritor. ¿No es un prodigio? ¿Un milagro? ¿O entiende el allí presente Simeón que se trata de una farsa, que Vasily no llegará nunca a Zar, que no logrará jamás lanzar su dinastía?

¿Ha leído Simeón al escritor que es capaz de juzgar con tanto tino y benevolencia el alma de los hombres, que no tilda de insensato aquel plan y reconoce la tragedia del científico, del hombre de talento, alguien que creyó posible timar a la mafia, un hombre esencialmente bueno que escogió para ocultarse el peor lugar posible, a la vista de tanto compatriota, los turistas que seguían llenando compactamente el jardín vestidos de todas las maneras posibles?

Tan sólo uno finamente trajeado, alguien salido del primer borrador de la fiesta, en la que venían a la casa los reyes sin corona y la *jet set* internacional como príncipes electores. Escogido su atuendo con impecable sentido del gusto un aire de refinada exquisitez, el pañuelo de seda rojo que asomaba del bolsillo de su frac. La prestancia y los años de estudio que asomaban en la raya de sus pantalones, la manera impecable con que éstos caían sobre el lustre grande de sus botines charolados. Brillando como lo haría un pavo real entre una bandada de gorriones.

No un turista, de los que pudo Clawdia, al parecer, encontrar a montones, personas, ¡ay!, difícilmente preparadas para una fiesta así. Ni tampoco la acabada imitación de un caballero, el «falso caballero italiano» que en el escritor acompaña a Daisy Miller en Roma. Todo un señor éste, que enterado de nuestra fiesta, de aquella oportunidad única, había dado instrucciones a su valet, escogido su traje con esmero, arrancado en la florería abajo, junto a la recepción, un clavel para el ojal.

6

Pero lo que más llamaba la atención en el atuendo de aquel caballero, Petia, lo que más saltaba a la vista y algo de lo que no pude apartar mis ojos eran dos leones negros que llevaba de una traílla y que se revolvían con fuerzas, plantando sus gruesas patas sobre la hierba, odiando, era fácil verlo, el yugo del collar, avanzando hacia tu padre. Y que cuando tu madre los vio, hubo por fin entendido que aquello que había tomado primero por dos perros grandes, dos mastines, el juego de sus músculos bajo la piel sedosa de sus lomos, dejó escapar un grito ahogado y se aferró, lívida, a mi brazo.

Yo reculé yéndoseme también la sangre del rostro y entonces dejó de haber cielo, ¿cómo explicártelo? Dejó de haber cielo, se ladeó en completo silencio, sin un crujido, el plano del cielo lo mismo que se descorre el techo abovedado de un estadio. No más un cielo: una extensa planicie roja a mis pies y hasta donde alcanzaba la vista: la vastedad coloreada del espacio en medio de la cual flotó o emergió de golpe, empujado hacia la superficie, la semiesfera de un sol rojo sangre. Los rayos de su oscura luz atravesando todo el espacio visible, iluminándolo con fuerza. Todo el plano tachonado de estrellas y hacia las que tuve la certeza podía caminar, alcanzarlas en un viaje interminable pero posible, sin abandonar nunca el plano, por aquel mundo bidimensional.

El silencio del aire vacío en el que arrancó de golpe la respiración trabajosa de Simeón de Bulgaria. Tableteó en un régimen acelerado y jadeante como arranca una planta diésel en medio de un corte de energía. Y parpadeó en el segundo o dos que tardó en restablecerse la corriente, aumentando en cortas explosiones, regresando al brillo anterior, deslumbrado por esa revelación, porque no lo había imaginado, había descreído de su misión después de tantos años sin trono en España, calculado que jamás volvería a ver los leones.

Pero allí estaban, lo constató con alegría, lo entendió. Agradeció al hombre, el caballero desconocido, aquel gesto. Que enterado que un Rey en Marbella imaginó ponerlo a prueba, llevar a la fiesta la pareja magnífica de leones negros. El temple con que dio un paso hacia los leones, Simeón, y alargó su mano sin un gesto de duda, sin temor.

Lo sintieron los leones, el frente en redondo de su fuerza, se acercaron como perros inmensos e hicieron correr mansamente sus flancos en arco por frente al rey, la piel tersa y brillante de sus lomos, hipnóticamente. Retroiluminado el ágata de sus ojos, fijos en él.

Regresó entonces el horizonte, volvió lentamente a hincharse el cielo, volvió a haber un cielo. Del que comenzó a caer una fina llovizna, pareció que rompía a llover pero eran tan sólo las burbujas de la máquina, cayendo desde lo alto explotando en mis mejillas como las gotas hinchadas y ligeras de una lluvia cósmica, extragrande. No me privé en ese momento del placer de atraparlas al vuelo, viéndolas venir hacia mí, irisándose en el aire de la noche. Pero la espesa ignorancia de Batyk, su desordenado amor a la mentira, le hicieron abrir la boca y dejar salir estas tontas palabras: que fuegos artificiales. Porque la pureza de la prueba había quedado comprometida por la presencia de Simeón, un Rey, no diré verdadero, pero sí antiguo, de los Sajonia-Coburg. Ante quien los leones, no ante Vasily, que jamás acometen a un Rey.

Me dolió aquello, no quise escucharlo. Decidido a empañar mi alegría. Porque ¿cómo fuegos artificiales? ¿La demostración falsa y fuera de lugar de unos fuegos artificiales? Yo, que había triunfado, que había extraído y condensado toda la sabiduría del libro, sorteado todos los peligros, urdido el más fino engaño jamás concebido por hombre alguno, alimentado sus motores con la venta de los diamantes, concebido la construcción del *Estanque,* el diamante que sería visto y brillaría como piedra angular del Imperio, yo, todo eso yo, ¿fuegos artificiales?

196

Me desentendí de él con un gesto, fui hasta el niño y le dije: ya no quiero hablar más (dispuesto a retirarme, a dejar que las cosas siguieran su curso). Te dije: «*Ya no quiero hablar más.*» Y me preguntaste: «*Maestro, si tú no hablas, ¿cómo podré, pobre de mí, ser capaz de transmitir ninguna enseñanza?*» Y te respondí: «*¿Acaso habla el cielo? Sin embargo, las cuatro estaciones siguen su curso y las cien criaturas continúan naciendo. ¿Acaso habla el cielo?*»

7

Pero cuánta sabiduría encierran estas palabras del escritor que él mismo, con su franqueza ejemplar, atribuye a Comenio: *con una sola vez que haya probado la caña de azúcar, o visto un camello, u oído cantar un ruiseñor quedarán tan indeleblemente grabadas estas sensaciones en tu memoria que no podrán borrarse.* Palabras aplicables, las tres cosas, la *caña de azúcar,* el *camello* y el *ruiseñor,* a mi caso y cuya interpretación literal no presenta dificultad alguna, porque explica e ilustra cierta fatal inclinación en mí, la manera que tenía de andar con el cuerpo inclinado o abalanzado por el plano resbaladizo de las pistas de baile, mi perverso e inexplicable —y ni con la ayuda del escritor descifrable— vicio del baile.

Que cuando creía haber rebasado todos los obstáculos, la incredulidad de los turistas, el peligro de que Simeón se marchara de una fiesta no acorde con su dignidad real (no lo hizo, se quedó hasta el final), el terrible inconveniente de la manera que tenía Batyk de vestir, el peligro de los leones, del manto negro de sus lomos y sus ojos de ágata, estuve a punto de malograrlo todo, de sucumbir a un golpe planeado astutamente, la manera más sutil de minar mis esfuerzos, la más negra de las traiciones.

Poniendo en juego Batyk su última carta. Porque había dudado, quizá hasta ese instante, del éxito de mi empeño, pero al ver que nada podía detenernos, la victoria patente de mi plan cedió por fin el último y más herrumbroso tabique que separaba la porción un poco más clara de su alma del reservorio insondable de aguas negras en su pecho, que terminaron por irrumpir y anegarlo todo. De modo que de sus ojos comenzó a brotar aquella mirada torva sobre la que entró deslizándose como un surfista, a poner en práctica su más negro y pérfido plan.

El instante en que detuvieron mis orejas su plácido ondular al viento, se entiesaron mis pies, los oídos de mis pies, porque tengo oídos en mis piernas, en cada pantorrilla. Escuchando y obedeciendo al son de aquella música y dejándome llevar en la única dirección de aquel son diabólico, ante el que sin defensas, Petia, el más mínimo control. ¡Tanta perfidia! Vista e imaginada por mí en ese mismo instante y en un cómodo flashback de cinematógrafo: la mano curva de Batyk, sus uñas duras y blancas, cómo sacaban con cuidado un disco con aquella música. Y antes, buscándolo afanoso por todas las disqueras de Marbella. Haciéndose entender a duras penas, esperando paciente a que el vendedor terminara de colocar en él un pedido tan insólito para sus ojos rasgados. ¿Lumba? ¿Lumba dice usted? Sí, ya sabe, lumba, como... Como layo, etc. Hasta que la «r» ocupaba el lugar de la «l» y caía, desde lo alto, en la cuenta el vendedor. Bueno, se diría, en estos tiempos, un chino (aunque era buriato) pidiéndome este disco...

Y bien, atravesados mis pies por aquellas descargas, electrizados, listos a lanzarse a un baile de San Vito, a comenzar una de mis interminables sesiones de danza sobre la que sin control alguno, incapaz de detenerme mientras sonara aquella música, destruyendo con los giros de mis pies y los arabescos del baile lo que con tanta diligencia y esfuerzo habían levantado mis manos.

Quisieron mis ojos hablarle a los suyos, pedirle no por mí, sino por los Soberanos, pero chocaron con aquel brillo metálico de su iris, la más negra maldad, desde la honda caverna de su rostro.

Subestimé la potencia maléfica de Negoro, es a lo que voy. Pero a su maquinación, Petia, opusiste la contramaquinación del libro. Con infinita sutileza, habiendo cambiado totalmente tu interior bajo mi mano y bajo las palabras del escritor. Una aquilatada verdad en ti, una mirada que jamás se dejaría confundir, sabedor de respuestas que no podían ser objetadas. En el momento en que terminabas tu viaje por el vademécum del libro, adelantando tu pie calzado con bellas sandalias. Habiéndolo atravesado de mi mano, movido tu cerebro por entre sus páginas, entrelazados tus dominios en formaciones más complejas que las ferritas oscilantes de tu padre, fáciles de orientar en la dirección equivocada. Descubriéndote y mostrándote ahora como un niño radiante, un príncipe resplandeciente, un doctor en el libro.

¿Qué país, qué democracia incipiente o adulta, sabiendo lo que sabía yo, habiendo meditado y reflexionado lo que yo, con el conocimiento o data que recogía mis ojos de tu porte de Niño Real, no te querría como Príncipe? Cuarenta y dos años de Pax Augusta, de una vida más rica y plena en el campo de fuerza de tus ojos.

El disco de las *Variaciones Vinteuil* en tus manos, la música con la que habías intentado amansar el insomnio de tu padre, aquella composición ¡del mayor de los músicos! que habías aprendido a querer y a apreciar lo mismo que yo. Creí ver eso y pensé eso. Pero acto seguido vi cuál disco en tu mano, comprendí cuál tu consejo, de qué modo superar la prueba, voltear hábilmente el cepo dentado de aquella traición. Que tu consejo era ir más hacia la música, aquellas versiones nuevas, lindamente comentadas, terminar, en suma, con un gran baile.

Mejor un baile que la adoración pasiva del *Estanque,* más acertado ponerlos a todos a danzar, a que se percibiera la importancia cósmica de Vasily, de su muy bella esposa y de la nueva Casa Imperial Rusa.

Como te acercaste al estéreo plateado, como accionaste el

botón de play, como te volviste hacia mí con la majestad y la propiedad de un hijo de rey, me pediste:

—Baile usted, mi ayo.

8

Y palideció fuertemente Mourdant bajo su máscara como aquella noche en que me oyó recitar de memoria pasajes enteros del libro, largos capítulos, su texto inviscerado. ¿Debo explicarte por qué? ¿El motivo de su palidez? ¿Ciertamente o verdad que no? Lo sabes, lo supo Batyk en cuanto me vio dirigirme hacia el centro de la sala, valseando suavemente, los brazos extendidos hacia tu madre. Lo sintieron sus orejas finamente tubulares que entendieron antes que él mismo lo que me disponía a hacer. Apartándome aquí, de golpe, del libro ¡ni un baile en el escritor! Entendido cuánto mejor un baile de inauguración que un simple banquete, un party con agotadores juegos de palabras, *bon mots*, la reunión de muchas páginas. Que sobre un baile de inauguración podríamos entrar más fácilmente a Rusia. Sorteados todos los escollos de la legitimidad, la pertinencia de nuestro proyecto y el apoyo popular. La manera que tuvo tu madre de entenderlo, sin menoscabo alguno de su dignidad real, bien al contrario. Cómo me esperó con los brazos abiertos, encajó mi giro, se volteó suavemente hacia atrás, bailó como ninguna soberana de casa alguna europea lo haría.

Generando nuevos pasos de baile, yo. Una mina de nuevos pasos que brotaban de mi interior con absoluta facilidad, de mi antebrazo a mis brazos, de mis brazos a mis dedos. Redimido de mi maldad, de mi baja pasión hacia tu madre, agarrado en firme todo este asunto de la restauración. Deslumbrados los rusos por el prodigio de aquel baile, garantizada nuestra entrada triunfal en Moscú, a instalarnos en el trono vacío de los zares. Aunque en el momento en que se abriera la música percibieran

200

el poco espesor de las voces, sabrían descubrir que no eran tan buenos estos nuevos Reyes como hacía parecerlos la grandísima producción, el portento de las luces, el fasto de sus trajes... Un producto, no es necesario el talento natural. Podría colocar, de quererlo, a un monarca en cada país europeo o uno para toda Europa, lo que me pidieran. Y no sería una operación menos democrática, porque como sondearíamos los gustos, encuestaríamos las tendencias, publicaríamos los *ratings*, terminarían por ser no menos democráticamente electos que por votación... Y sí, demasiado, quizá, gordo el que hacía de rey, pero ¡Dios!, ¡qué despliegue de medios! ¡Cuánto dinero! ¡Qué inteligente aquél!, yo, que avanzaría desde el fondo del escenario, me inclinaría, sobriamente de negro. De Cuba, traído, ¿saben?, expresamente de Cuba para esta ocasión. ¡Qué gasto! Y no en vano. Un éxito. Sin duda.

Suficiente para reinar trescientos años.

O como la victoria de Augusto en Accio u otro golpe de efecto en la India o en Asia Menor, el de Nicéforo Phocas que se hizo ver, ya te lo conté, levitar por Liutprando, obispo de Cremona, en 949 (¡no poca cosa, ese efecto de liberarse o anular la gravedad terrestre!). Todo el fasto de Westminster, del Salón de los Espejos (en Versalles), pero en el aire, puro juego de luces. Transmitida y pudiendo ser vista por millones de espectadores. Y los videos y los «detrás de las cámaras»; todo un programa de doce horas sobre la nueva Casa Imperial Rusa. La única auténticamente exótica, la más sufrida también, la candidata ideal para ser relanzada a ochenta años de su defenestración forzada.

9

De regreso a Babilonia, a la inteligencia de los reyes y aunque pareciéramos los mismos hombres modernos, comedores de comida rápida. Cambiando el corte de nuestros trajes, ensanchándoseles y estrechándoseles las solapas, con la apariencia de hombres-oficinistas y mujeres de hombres-oficinistas, algunas oficinistas ellas mismas pero con un interior transformado, la fina sustancia de un sentir jerárquico en sus almas. Conscientes de los muchos escalones que los separaban, el abismo entre la construcción simple de sus cuerpos y la formidable fábrica de un Rey. Comprendida la futilidad de todo movimiento, hecha a un lado toda soberbia, sólo hombres, ¿sabes? ¿Qué mejor cosa que ésta? ¿Qué mejor que bailar?

Yo finalmente con los millones. Dios sabe que no había dejado de soñar con aquel dinero, y Dios también sabe cuánto me sorprendió descubrirlo rutilando entre la hierba del jardín cuando ya me había dicho: no lo tendrás. Jamás. Mi fracaso con las mariposas, el fiasco de mi educación de Linda, que algún día te contaré. Todo lo que me movió en su momento por ciertos países, descontroladamente o como descontroladamente, no sólo yendo hacia el mar, como te dije, sino también hacia el reflejo de la piedra dorada. Y había cerrado los ojos resignado, me había dicho: una ilusión, nunca lo tendrás. Lo acepté y me rebajé a dar algunas clases, ganar un poco de dinero (jamás el que había imaginado), hasta el día en que vi la piedra en el jardín y todo cambió y todo dio un vuelco mientras la miraba.

Bailando Nelly y Vasily entre los reflejos azulinos de estos últimos días del siglo, con perfecta conciencia de que aquellos años eran azules. Lo había sentido, había sabido adivinarle, me había ajustado hacia el azul. No gris, como en vida del escritor, no rojizo, el inexplicable tono rojizo o naranja de mi infancia. El azul de estos años que aún no pasan, la piel y los cabellos metálicos de tu madre, centelleando entre franjas de azul. Bien, muchachos, diría Dios sobrevolándonos, lo mejor que pueden hacer, lo más sabio: azul. Era lo que quería para estos años.

10

Gravitando Vasily en medio de la sala con aire lento y majestuoso, augustamente. Absorbiendo toda la luz que iba hacia él, todos los objetos y todos los invitados de la fiesta girando en torno suyo. Bañado por el fulgor aquel de la piedra. Grande como un peñasco o como un coloso de gesta. Aumentada su masa, pero al modo de una estrella de neutrinos, infinitamente denso. Fluyendo la fiesta en torno suyo, deslizándose hacia abajo con la tersura de una lámina de agua que observó subyugado, se acercó a estudiarla, entendió que aquella lámina que parecía fluir cayendo, giraba en torno suyo en franjas iridiscentes cada vez más lentas.

No pudo reprimir un gesto de sorpresa. Lo vi aparecer en su rostro, lo observé desde lejos sin que pudiera, todavía en ese momento, en el calor del baile, comprender o explicarme la expresión de maravilla que afloró en sus ojos. Se entendió a sí mismo, se comprendió a sí mismo como un objeto de masa casi infinita bajo el cual se alabeaba el espacio y en torno al cual se aquietaban las horas.

(Que es aquí donde confluyen, Petia, las líneas principales del libro, la de la gravedad y del tiempo.)

Ahora es que lo entiendo, que he logrado explicarme su figura detenida en el centro de la sala, la sorpresa con que observó girar las cosas lentamente: el tenedor en ristre de Astoriadis, los mofletes rosas de Lifa, los biliosos ojos de Batyk, el tedio en los tuyos, Petia, que esperabas un momento para salir y escaparte al mar, el pasmo en el rostro de su esposa, las tres caras o momentos que me tomó comprender lo que sucedía ante mis ojos. Yéndonos todos, diluyéndonos en una misma fuga gris.

No corrió hacia aquella lámina, se comportó con no fingida grandeza: se acercó a ella en la evolución natural de su órbita, se desplazó sin prisa, con gestos comedidos, nobles, mayestáticos. Adelantó su mano, rompió con el índice la lámina irisada, que se arremolinó en torno a su dedo. Comprobó la sustancia de que estaba hecha, el espesor de aquella lengua o cortina y entendió cabalmente qué aquello frente a él.

11

Tiempo para sí o tiempo en sí; tiempo biológico o tiempo físico, no dudaría en fatigarnos el comentarista. Donde el escritor, con toda modestia e infinita inteligencia, no vaciló en volver a un viejo título, una combinación de palabras ya usada por otro autor y tecleó simplemente: *máquina del tiempo*.

El breve pastiche que insertó en el libro a manera de divertimiento y del que se sirvió para llenar aquel título, aquella frase de un nuevo significado. Imaginó, nos dice, que cierto escritor menor, un burgués de apellido Menard (un francés), entendió una tarde y tras largas cavilaciones cómo, de qué modo repetir la obra de aquel autor inglés, de H. G. Wells.

Mas no según el procedimiento de imitar su vida, reproducir su arrobo ante las gemas bibliográficas de Morris, su rechazo al prolijo *Jungendstill* y su calisténica defensa de la gimnasia suiza; exploradas todas sus manías, codificados sus atrabiliarios pensamientos, encarnado en suma. Procedimiento que Menard (en el escritor) descartó por fácil. ¡Más bien por imposible!, exclamará el lector, etcétera. Algo más brillante y rico, en efecto, lo que discurrió el escritor, más digno de su imaginación única y pasmosa: el expediente de reescribir página por página, palabra por palabra dos capítulos de aquel libro. De modo que hoy fácilmente legible, encerradas en aquel título simple, *La maquina del tiempo,* la lectura más sutil y rebosante de significado del escritor, distinta y dictada por una nueva comprensión, científica, del tiempo.

Porque allí donde nuestro inglés había simplemente escrito *La máquina del tiempo,* a leerse esa combinación de palabras: artefacto físico, vehículo en el que atravesar la masa de hojaldre de los años para o con el ridículo objeto de pelear con los Morlocks del futuro, redimir a los Eloi y demás zarandajas, asume esta frase en el Menard del escritor, un nuevo significado, un matiz inédito: *máquina del tiempo*.

En la inteligencia de quien se pregunta, ¿de qué modo constituida esta su máquina? ¿Cuál su estructura interna? ¿Cómo lo genera, esta máquina, al tiempo? ¿Qué la pone en movimiento? Lecturas más allá de su época, el brillante manejo de conceptos nuevos: *horizonte de sucesos, ruptura del espacio o singularidad, luz frenada, estrellas inestables*.

12

Entiendo ahora que fue así. Rechazó mi mente, en aquel momento, en plena fiesta, aquella explicación por fantasiosa (o por demasiado literaria, dirás). Acto seguido la vislumbré de un golpe de vista, infusamente. Entendí qué se disponía a hacer tu padre, cómo descartó la posibilidad de escapar, de adentrarse en ese infinito, que terminó por abrirse ante él, deslizándose el tiempo en cuantos o porciones cada vez más espaciados, descorriéndose aceitadamente los paneles caligrafiados de los siglos, los biombos pintados de los días, las pantallas con runas de las horas, abriéndose a cada giro de la máquina.

Cómo terminó por aquietarse, ralentizado, el tiempo: se detuvieron suavemente sus paneles y flotaron y centellearon frente a él unas como ventanas largas a las cuales se asomó y por donde observó, maravillado, el apagado fulgor del No Tiempo. Las titilantes jambas de la puerta, la entrada por la que pudo escapar, huir de los asesinos, desaparecer como por ensalmo del Castillo, de Marbella, y escogió no hacerlo.

Digno, quiero decir. Salvado, quiero decir. Vuelto a armar su interior de científico grande. Que rechazó con profunda repugnancia la sola idea y la urgencia de esconderse. Renunció a ello porque me había escuchado con suma atención el rey dormido que lo habitaba, había hecho el libro su trabajo en su pecho. La emoción que vi en su rostro, el triunfo y la verdad del escritor en el grito que esta vez sí lanzó, las palabras que profirió, tomadas de Aristófanes: *¡Veo el aire y piso las nubes! ¡Veo el aire y piso las nubes!*

13

La suntuosidad del escritor, los personajes, siempre nobles, que pueblan sus páginas, el tono lento y el donaire con que introduce el tema del honor reconquistado, de la dignidad recuperada, la habilidad con que lo lleva y lo pone ante los ojos del lector. El estilo majestuoso de esta parte del libro, el cierre fantástico, el tono y la vehemencia que exige de ti algo más que una lectura plácida en tu sillón. Que quiere que saltes, apartes el libro, levantes los ojos y digas: ¡creo!

Y otra vez: ¡creo!

El puño y el hacha cayendo sobre ti, la fuerza con que dice que cualquier otra fe, que cualquier otro libro. *Yo aseguro a todos lo que oyen las palabras de las profecías de este libro: que si alguno añadiere a ellos cualquier cosa, Dios descargará sobre él las plagas escritas en este libro, y si alguno quitare cualquier cosa de las palabras de libro de esta profecía, Dios le quitará a él del libro de la vida.*

¿No es grande y terrible esto, Petia? ¿No ves que toda la fuerza y toda la convicción y toda su pasión en esto? No un libro para entretenernos, sobre los que bien dice el escritor que podía escribir miles. Un libro único: *el libro de la vida.*

Y además esto: Margarita vuela, Habundia vuela, se eleva por los aires el arcángel Gabriel. Cierto dudoso gusto en esto, pero no se detuvo jamás el escritor ante un obstáculo menor y nimio como el gusto. ¿Qué es el gusto? ¿Es de buen gusto que un hombre permanezca veintisiete años preso y salte luego de esa bolsa de tiempo a caer inmensamente rico en medio de sus enemigos a matar y a cobrar venganza? ¿Es de buen gusto que otro, en la flor de su edad, calcule vender su alma al diablo, cierre un trato con el maligno y luego huya y se arrepienta y tema el día? ¿Lo es imaginar un país en el que llueve por cuatro años sin descanso y tanta la humedad que los peces atraviesen por el aire los cuartos de las casas y carenen, boqueando, en las arañas del techo?

Repito: jamás se detuvo el escritor ante un obstáculo menor, ciertamente, como el gusto. ¿He de detenerme yo? ¿Abrir mi boca para introducir un reparo así, mezquino o comentarista, en el momento que sentí mis pies despegarse del suelo, mis ojos clavados en los suyos, respirando por su boca?

14

Alcancé a verte, Petia, en una pausa de la fiesta en que perdió fuerza la pleamar del baile, se aquietó un segundo antes de refluir en retirada, a lavar del jardín los últimos invitados, y alcancé a verte en tu capa de muaré escarlata. Flotando un segundo junto al portón, yendo, adiviné al instante, hacia el mar, habiendo adoptado, también en esto el libro en tu corazón, el mar que inunda como acuáticamente todas sus páginas.

Bajar por primera vez tú solo la escalera de la playa, alejado el oscuro frente del peligro, mi plan triunfante. Mañana, cuando amaneciera, pasearíamos sin prisa, llegaríamos a la ciudad, nos detendríamos conversando sobre la promenade, sabrían los bañistas, con sólo vernos, que el rey de Rusia en Marbella... Y fui a quitar el ojo de la puerta, pero me habló en ese instante, el reflejo del anillo en su dedo, la mano que Nelly hizo correr por el muro, y que dejó, un segundo, ya ella fuera, dentro del jardín. Un envío que tardé en leer, tardaron en acomodarse todos sus elementos en mí: el vestido de plaquitas pavonadas, el Rabanne que se había puesto aquella noche con el fin expreso de ocultar su inexplicable transmutación, todavía en estas páginas, de esta parte del libro, en pájaro.

Pero no pasando el portón, allí posible: los rayos que salieron de sus ojos, en el momento en que regresó al hueco de la puerta, se asomó por allí y parecieron buscarme aquellos rayos y me iluminaron en violeta. El hilo de luz que tembló todavía en el aire cuando volvió a la calle, abandonó el jardín al instante siguiente.

Transportado o abducido por la fuerza de aquel rayo, hundiéndose el piso, combándose a cada paso que daba por sobre el toldo listado de la Tierra, cuidando no poner el pie en lo blanco. En lo azul, sólo en lo azul, temiendo caer. Sumiéndose a cada paso el sustrato tensado del espacio, rasgándolo con mi peso, un suelo de un solo uso, por el que no podría regresar jamás o encontrar el camino de vuelta. Fluyendo la arena por aquellos desgarrones, rodando yo a toda velocidad hacia el borde, el abismo por donde se precipitan los ríos.

15

La blancura sin mácula de su espalda, el blanco resplandor de sus omóplatos, perdida ella o fingiéndose perdida en la contemplación del mar, mirándolas absorta, a las olas que llegaban a bañar sus pies entre el brillo rutilante de sus Prada.

Presa ella también de todas las pasiones que asaltan a los mortales, dispuesta antes, desde arriba en el jardín, a sabotear a fondo mis planes, impedir las estrellas de doce puntas en el cielo de Arlès explicadas a Clawdia, el oro de Klimt en los troncos, los tornadizos naranjos del jardín y en Calder.

Me escuchó sin voltearse, mi explicación enfebrecida: ¡nun-

ca, Nelly, una mortal por una diosa! ¡Jamás! Asintió el corto vello de su nuca, pareció invitarme: ¿y bien? ¿No lo ves? ¿Qué es-
peras? Un segundo, dos sin poder creerlo, yo no menos un niño
que el niño, tú, Petia, muy lejos ahora, sobre la línea de la playa.

Y lo vi en ese momento, cayendo hacia ella, lo entendí cómo
se había reído ella del proyecto de vuelo, de la antigravedad, con
la fuerza de una mujer capaz de acercarse a los huidizos ojos de
un charlatán a sacárselos a picotazos, limpiamente. Porque tan
sólo una cualidad que guardaba en su corazón. ¡Son tantas las
cosas que no se pueden conseguir volando! Ningún ruso la aceptaría como reina a una mujer-pájaro, jamás podría transfigurar-
se en el trono, a la vista de todos. Como un vestido comprado
al propio Lagerfeld que guardas en el fondo de un armario y que
sabes que jamás volverás a ponerte. O bien sólo en una recepción con otros pájaros, en una reunión o Parlamento de pájaros,
capaces todas las mujeres-pájaros, con la mayor facilidad y ligereza, de levantar vuelo, congelarlo a dos pies del piso, como si
levitaran. ¿Y qué? ¿Qué resolvían con ello? Pudo haber, entiéndelo, fulminado todos los argumentos de Antoniadis con una
simple demostración o golpe de sus alas y no lo hizo.

¿Cómo no ver entonces y cómo no entender el sinsentido
del comentarista?

16

¿Cómo no denunciar su resistencia, lo que insiste en negar
la realidad de las muchachas que el escritor describe hacia el final del libro, en ese misterioso capítulo de un París a oscuras, en
aquella casa de citas junto al Campo de Marte o quizá en Marte mismo?

Muchachas a 0,4 de gravedad terrestre revoloteando en
círculos entre el piso y el techo, flotando allí a la espera de clien-
tes y hacia las que subían los recién llegados pegando un ligero

bote, a capturarlas en el aire. La seguridad, entre risas, de aquellas muchachas expertas en hurtar el cuerpo, en quebrar su talle, en girar un segundo antes de tu abrazo en el aire.

Envuelto yo en su giro, sin un momento de resistencia, transmitiéndome sus labios el impulso de todo su cuerpo, pivoteando sobre mi eje con la velocidad de un ingenio mecánico. Volviendo a ver la playa, el mar, la base del acantilado otra vez, el gris del mar y el sendero de la luna sobre el agua. Elevándonos en círculos, dejando un rastro de burbujas verdeazulinas en el aire, una doble hélice de turbulencia. La facilidad y ligereza con que mis pies resbalaron sobre la arena, aferrado a sus hombros, apretado a ella. La fuerza y la naturalidad de un abrazo en un paso del metro, tu cuerpo contra el suyo, el río de desconocidos a tus espaldas, la grieta en el azulejo a la altura de su cuello. Sus ojos, en un respiro. ¡Dios! ¡El más largo beso, jamás!

17

Ni tampoco como había sugerido el escritor y yo mismo influido por aquél, donde dije: *cuarzos insondables.* Sustituidos aquéllos en sus ojos por un gel extradenso, la trampa de partículas cósmicas con que miraba el cielo, toda la luz de los primeros días en aquel gel, las semanas en que no había dejado de estudiarme, transformada aquella luz en los haces que salían ahora de sus ojos con la fuerza con que un proyector alumbra un campo y el cielo sobre el campo, el fondo de la pista, los surcos de los aviones en la hierba. La facilidad con que pude leerlo, la claridad a pesar de la distancia en los confines de la esfera, proyectándose en redondo contra el telón de nubes. Un libro, un mar de historias manando serenamente de sus ojos, al ritmo lento en que girábamos sobre las olas como un cuerpo eléctrico.

Los hombres que vivían en sus ojos como inclusiones en un diamante, el velero y el capitán de mangas galoneadas que creí haber visto aquella mañana en que me acerqué de puntillas a la ventana de sus ojos, movido por la sospecha de que algo, la silueta de un águila volando a lo lejos, describiendo un lejano arco por el fondo de su iris y por sobre aquel velero, la casa en la orilla, la mujer asomada a la ventana.

Y no había dado crédito a mis ojos, no había creído en la insólita visión: la vida que contenía en su interior. La pareja de espadachines que se batían ahora en sus ojos sobre la escalinata en círculo de un palacio junto al agua, bajo el sol primero y bajo una lluvia luego, engolfados en sus capas, interminablemente. Matando sin piedad, adentrándose por entre la masa de hombres sin un gesto de cansancio, dejando tras de sí un rastro de sangre, discernible desde el cielo, por toda la ciudad.

¡Y uno de esos hombres era yo!

¡Era yo, Petia, ¿puedes creerme?!

Pero ¿dónde era esa ciudad, dónde aquel valle? ¿Dónde aquel palacio junto al mar? ¿Era Larisa la mujer que yacía a los pies de la escalinata, la mancha púrpura de la sangre creciendo en su vestido? ¿De quién habría de enamorarme, Petia, en aquella otra entrega? Todo en un instante, el vértigo de muchos cuadros en una sala a oscuras, la segunda parte de un filme que se nos muestra, de manera rápida, antes de que dejemos nuestro asiento, salgamos a la calle, nos expongamos al calor o al frío afuera.

Avasallado por la verdad de que jamás habría de escribir algo así, una obra así, un libro infinitamente más grande que el del escritor manando de sus ojos. Que por grande que fuera mi triunfo, por clamoroso que fuera el descrédito del comentarista, en ella sola, en aquella mujer más historias que en cualquiera de los libros, un mar primigenio en sus ojos con miles de páginas diluidas en él. Que no volvería nunca a apartar los ojos de una mujer, que no volvería jamás a posarlos en el libro. Traicionando, me dirás, al libro por la mujer que amo. No importa, Petia, Dios me lo perdonará.

Los redondeles de las piscinas muy abajo a nuestros pies como las bocas de un río de luz, brotando sus aguas azul turquesa desde aquel reservorio en las entrañas de la tierra, ascendiendo por aquellos brazos a iluminar la noche, la bóveda de plata y alabastro del Castillo, el oro y cuarcita en sus almenas. Aclarando el cielo, entrando la aurora de rosados dedos a iluminarlo todo en derredor.

¿No es bella esa imagen, *la aurora de rosados dedos?* ¿Verdad que sí? ¿Verdad que es lógico y tiene sentido lo que digo? ¿Que asombra y maravilla que tanto esté en un solo libro?

Epílogo

DUODÉCIMO COMENTARIO

1

«¡Oh destino funestísimo! ¡Cuán pesadamente has brincado con ambos pies encima de toda la raza persa!» dice el escritor, y cuando dice persas es un decir, porque ni Kirpich ni Raketa son persas. Sólo necesita el escritor una raza antigua, algo sobre lo que, por su antigüedad, hacer caer más visiblemente el peso del destino. ¡Cuánta razón tiene un biógrafo suyo cuando afirma que toda la producción literaria anterior a él «cobra un aspecto de literatura a vista de pájaro, crudamente panorámica». Porque donde otro habría escrito tan sólo: «el destino», en el sentido de que se abatió sobre Vasily el destino, lo pone el escritor a brincar sobre él ¡y con ambos pies!

Son esos pies, cuando bajan y entran en nuestro campo visual, los grandes y pesados de Kirpich y Raketa, con lujosos Ferragamos. Aunque no patearon a tu padre, no es algo que hagan ahora los matones, sólo en los filmes para dar una idea más exacta o visual de la humillación que sufre el caído. Lo mismo el escritor, en este pasaje donde habla sagazmente de los persas, de algo tan antiguo como la dignidad humana, que equipara a la antigüedad de la raza persa, y con esa prosa brillante suya en la que parece refundirse, bajo el peso enorme de los años, todo el saber literario de Occidente.

Todos los matices de la escritura en él, todas las sensibilidades, ¡tan grande el escritor! Porque escribe a veces con la parquedad y la fuerza de Franz Kafka en Praga, sobre esos libros que se precipitan sobre nosotros como la mala suerte y nos perturban profundamente como la muerte de alguien a quien amamos. O late en él la terrible obsesión del poseso, el ojo inyectado en sangre, la amarga misantropía de un Thomas Bernhard, un autor curiosamente posterior. O el tenue fulgor de esas partes del libro en que aflora el verbo enigmático de Confucio, ¡sin ser él! Amalgamados en su estilo único, fundidos en oro y en plata. No un centón, no un florilegio, no comentarios en cadena.

Podría enumerarte mil razones que lo explican, citarte sus palabras en número infinito para ilustrar esto que puede parecer un milagro: el alcance, la trabazón cósmica, el profundo sentido ético del libro. Más fácil y más creíble como un milagro, el fruto de un rodar de dados, que esa visión que desliza taimadamente el comentarista. De un astuto paseante por la guardarropía literaria de Occidente que fuera robando un abrigo aquí, un chaleco allá, unos guantes aterciopelados, un sombrero.

Imagen contra la que se rebela todo mi ser y hasta el sentido común, y que así, de prisa, no vacilo en cambiar por la de un Príncipe, un Rey, un personaje grande a quien veo adentrándose en el bosque de los años. Inclinándose con humildad infinita ante sus frutos de cornalina y lapislázuli, espigando autoridades: aquí un diamante en Esquilo (que es donde incluye, de manera asombrosa y en un largo salto hacia atrás, a los persas), allá un rubí en Stevenson, una preciosa gema azul en Poe.

Pero ni eso tan siquiera, esta metáfora del espigador que se desvanece, se esfuma ante el gigante que hace aparición al final mismo del libro, la sorprendente reaparición en su última página, cinco líneas de su grandioso cierre, del rey de Uruk, de Guilgamesh.

Aquí, Petia, donde dice: *como gigantes sumergidos en los años.* Igual a ese coloso en Goya, de muchas leguas de estatura, que avanza con las nubes a la rodilla, y guarda en su pecho el secreto de la muerte. Que hacia allá, hacia ese abismo que sólo él desde su altura atalaya, cayendo indefectiblemente todos. Un lugar del que nadie vuelve y del que sólo nos llega el distante fragor de la batalla, el clamor de una contienda que dura siglos, milenios con un único resultado previsible: la aplastante derrota de las huestes humanas.

Y debían levantarse los hombres, rebelarse contra tal suerte, creer fervientemente en la victoria, descubrir que morirían sin hallar secreto alguno tras el bosque encantado, anudarse en un haz, vencer el miedo, aprestarse a morir, no vivir más *tumbado de espaldas, como un hombre derrotado* (tablilla XII, columna 4, verso 270).

Robado el *Estanque*, saqueada la jarra de cristal donde apilaba sus diamantes, rota la prensa que vi por primera vez y a la que me acerqué intrigado, habiendo sospechado su existencia, pero viéndola aquella mañana por primera vez, extraña como un motor de fluido, irreal como un escudo antigravitatorio.

Alguien, tal vez Larisa, lo llamó en ese momento. Trinó su teléfono móvil, se iluminó en verde como un jilguero de buche jaspeado, un pájaro que cantara desde su hombro, alumbrara con el fulgor de su pantalla la visera del yelmo, sus ojos sin vida. No tomé la llamada, no toqué el teléfono. Yo era el palafrenero que llora inconsolable la muerte de su señor, la hierba hasta las rodillas, pequeño e insignificante.

2

No requerí prueba alguna, bucear en escritura alguna, conclusiones sustentadas por una autoridad. Sabía quién lo había traicionado, la persona que le había mostrado el camino a sus matadores. Puedo aquí romper el principio de la autoridad y lo rompo, Petia. Lo vi con mis propios ojos, bajo el cielo empíreo de mi visión.

217

—¿Pero no es una visión, no es un sueño?

—¿Cómo una visión, cómo un sueño? Es un ingenio, es un invento, es un experimento mental. Tampoco Einstein, un contemporáneo del escritor (más que contemporáneo, ¿no me has dicho que fueron amigos? Y sí, también amigo del escritor), ¿acaso Einstein montó *físicamente* sus experimentos, en la vida real?

Mentales o imaginados todos ellos, el del *lift* que cae en un edificio en Zúrich, cortados los cables de acero que lo sostienen. O ese otro todavía más asombroso en el que cabalga a horcajadas sobre un haz de luz. El mío, mi visión de Batyk, la manera como llevó a Kirpich al laboratorio, al baño de tus padres, también un experimento mental, aunque de instrucción. Y con un resultado no menos inmutable y confiable que C, la constante.

Vi al buriato que les muestra el camino a los asesinos, los veo moverse silenciosos escalón a escalón, un pie (con cuidado) detrás del otro (con sumo cuidado). La pantomima que el escritor describe con jocosa y escalofriante exactitud en ese pasaje dedicado al Arte de Subir las Escaleras... Volteando en ángulo en el rellano, elevando los ojos a la claraboya por la que también podían haber descolgado una cuerda, aunque, gracias a Batyk, que les abrió la puerta, que les facilitó el acceso a donde nunca hubiera podido, jamás, sin necesidad de ello.

Vasily duerme exhausto tras la prolongada fiesta, la manita minúscula bajo el cachete enorme, el hilo de saliva que le pende del labio... Todo en la piscina aérea del escritor, en el cubo de agua condensada. Los veo caminar, a Kirpich y a Raketa, detenerse frente al dormido, despertarlo de un puntapié. Porque algún mensaje deben haberle querido transmitir a último momento. Algo como: *¡toma, perro!* (en infinidad de autores). O bien esto: *¿creíste que podías ocultarte eternamente?*

El *Estanque* en la zarpa de Batyk, que prueba, en ese momento y totalmente fuera de lugar, a tamborilear y percutir con sus garras la superficie azul. Sonríe entonces, aviesamente, lo

218

deja rodar de su palma surcada por profundas líneas del destino, todas fatales u oscuras, a la mano o palma simiesca de Kirpich.

Pivoteando su cabeza tu padre como un basilisco, explicándoles entre dientes cuánto oro y cuántas joyas (¡falsas!, exclaman en este punto sus asesinos a dúo, no pueden contenerse, ¡falsas!) podría regalarles, cuántas minas y factorías en los Urales podían pasar a sus manos.

E imagino y veo claramente en el aire condensado cómo los dos matones se ríen en su cara acusándolo, como niños, de mentiroso, alguien que *no volvería a tomarles el pelo,* sino ellos a él, en el sentido en que lo usa Fenimore Cooper, otro autor muy admirado por el escritor en su infancia en Combray. En ese sentido, Kirpich y Raketa prometieron tomárselo a tu papá.

Hizo Kirpich caer con fuerza la culata de su pistola contra el *Estanque,* que se astilló de inmediato, convirtiéndose, la grande piedra, la gema única, en un fino polvo que aventó a los pies de tu padre. Lo intentó atrapar Vasily en un gesto reflejo al *Estanque* como licuado en aquellas gotas, y recibió, yendo hacia delante y fuera de su punto de equilibrio, los disparos de ambos asesinos.

Quiero gritar, detener la matanza, pero estoy tan impotente abajo como un espectador frente a una pantalla, aunque el efecto es más vívido, inconmensurablemente.

Resueltos los disparos, visualmente, en líneas punteadas y curvas como de un cuadro haitiano, *naïf,* y que van a perderse en el corpachón inmenso de Vasily, lo levantan en vilo.

En las partes inferiores del cubo, junto a la piscina real o sumergida, duermen algunos invitados de la noche anterior: siempre puedes contar con dos o cinco borrachos sobre el césped después de una fiesta de rusos (¡y no rusos! Y no rusos, bien). Nelly sueña plácidamente junto al zarévich, junto a ti, Petia, donde ha quedado dormida tras el paseo a la orilla del mar... Y en el aire de agua, sobre su cabeza, una como excrescencia nubosa que rodea o nimba su cabeza y que analizada más de cerca por mí, que me pongo de puntillas, resulta ser algo material, tangible. El sueño que segrega su cerebro *como el hígado segrega la bilis,* según lo afirma el escritor en su *Contra Avenarius,* un libro anterior y un libro menor al libro. Allí, en esa nube, el rojo muy vivo de una camisa campesina y el verde encendido de la falda aldeana que se plisa de puro gusto. Un hombre y una mujer a la orilla de un río, el agua sugerida por las líneas azules a sus pies. Una pareja de enamorados, las manos entrelazadas... Podría decirte de quién estaba enamorada, de quién está enamorada tu madre, con quién se veía en sueños entregándose a su amor sin un segundo de angustia. Un hombre joven, no un gordo como tu padre, a quien se vuelve en aquel cuadro, en la nube, y a quien le sonríe con los ojos.

Y fuera de la quietud del sueño, fuera de aquel remanso, aunque siempre dentro del cubo o bloque azul de agua, el diorama aún mayor de la casa, la nube más oscura en que se mueve turbiamente el buriato. Frotándose las manitas de gozo, las patitas rosadas y sin vello de un topo como el que desposa a Pulgarcita, un horror de igual índole. Sin necesidad de prueba alguna, Petia, sin que deba someterlo a interrogatorio.

He llegado hasta aquí, a esta construcción, tan sólo imaginando sus pasos, extrapolando mentalmente la doblez de su andar silencioso y taimado, el torvo mirar de sus ojos rasgados. Llevado por una corazonada, yo; él, por su negro corazón; yo al descubrimiento de su crimen; él a su crimen propiamente dicho, pensado y hecho.

Un traidor. Una traición.

3

Que no he dejado de mirar, de estudiar inclinado sobre aquel cubo de agua, mi rostro iluminado por la tenue luz azul porque jamás te daría ese consejo, Petia, de dejar enfriar la emoción, de escribir desde una saludable distancia, de evocar en la tranquilidad de tu gabinete la pasión que te llevó a querer a alguien más que a nadie en el mundo. Porque ese día, la mañana siguiente de la fiesta, cuando me levanté y miré por las persianas, vi el Castillo como el lugar más feliz, la existencia más feliz y pensé en ella. En la mano que había besado, tan suave y delgada la piel en sus manos, pequeñas y delicadas las arrugas en sus ojos. Querible y amable en la fragilidad de su envoltura humana...

¿Yo culpable? ¿Yo quien, en su entupida confianza y con mi absurda fiesta, lo había malogrado todo, despejado el paso y facilitado la entrada de Kirpich y Raketa como no ha dejado de insinuármelo Larisa, mofándose de mí, echándomelo en cara amargamente? ¿Cómo creer en eso ni un segundo, Petia? ¿Y Batyk, cuyo cuerpo o cadáver enjuto jamás apareció? Cuya traición fue patente desde el principio mismo, la manera como buscó una solución para sí, permitirles la entrada a cambio de que le respetaran su vida. Lifa no, Lifa murió, también Astoriadis, los perros; tú, Nelly y yo hubiéramos corrido la misma suerte de no haber mediado el poder del libro, que alteró el curso del pesado volante del destino, te hizo bajar y te llevó de la mano al mar y a nosotros tras de ti.

De no haber volado aquella noche, de no haberla besado, de no haberla visto acicalándose en el baño (¡¿pero cómo?! ¿Tan sólo eso? ¿Tan sólo la espiaste desnuda y tan sólo la besaste, Psellus? No, Petia... Espera. Aunque sí, ¿qué importa?), de no haberla visto desnuda, visión que encendió mi pasión y me hizo buscarla toda la noche, de no haber mediado el libro, todos muertos, Petia, cadáveres, terriblemente.

¡Lo que lloró tu mamá, el llanto que terminó por hincharle el rostro, lo que se lamentó amargamente cuando encontramos a tu padre sobre el diamante astillado. Que al llegar la policía, la Guardia Civil, a la escena del crimen debieron caminar por sobre aquel polvo iridiscente y asiluetear el cuerpo no contra el piso y el mosaico del piso, como es lo usual, sino contra aquel polvo luminoso. Y cuando uno de ellos se acercó a la ventana y palanqueó las persianas, una ráfaga de luz corrió por sobre los cristales, que parecieron moverse y correr como hormiguitas, todo un ejército con Vasily, tu padre, en vilo, entre el fulgor y el griterío lumínico que levantaron a la vista de su amo, muerto.

¡¿Y yo?! ¡¿Y yo?! ¿Y el dolor que sentí, la rabia y la punzada en el corazón? ¿Y cómo grité: ¡furia!, ¡furia!, como Vagaus en Vivaldi?

4

Su pecho bajo el púrpura del vestido, sus alas (volteándola). Besando su espalda, el nacimiento de sus alas, la manera que tendría de colocar una piedra de color sobre cada uno de sus lunares, como se levantaría ella de un salto, sus muslos blancos llenándome los ojos, a abrir de dos en dos las hojas del armario. Por el mismo impulso, porque bastaría con abrir una, y abriría las dos y sacaría y sostendría en el aire la jarra con las piedras coloreadas. De donde sacaría, de aquel corazón rojo en el centro de su pecho, las gemas que pondría en mi mano y con las que yo cubriría, uno a uno, los lunares en su cuerpo, un pecho enjoyado o un pecho empedrado de diamantes.

Y sin embargo se fue. Y sin embargo la dejé ir, me despidió, esa misma noche, Petia, como sabes.

Había venteado, en la oscuridad de mi cuarto, el aire del suyo, como un animal, sintiéndolo desplazarse por toda la casa. Y leído en ese aire, en la disposición de sus volúmenes, que su puerta abierta, que levantarme ahora, avanzar por el pasillo escasamente iluminado, a ocupar el lugar de tu padre a su lado. No porque el obstáculo de su esposo hubiera desaparecido. Nada de eso le diría, a ninguna de esas causas o móviles bajos aduciría, sino para llevar a término lo que ambos habíamos comenzado. Tozudamente: llevarla al trono, hacerla Emperatriz de Rusia, demostrar que nuestro cálculo acertado, la inerrancia del libro. Mi ojo derecho frente a la abertura de esa idea: la cámara de columnas facetadas en lo profundo de la ciudadela amurallada, la capa de armiño sobre mis hombros, inclinado sobre un globo terráqueo, congelado en esa pose, la de un Regente, hasta la mayoría de edad del zarévich, fingiendo ser de Italia o monegasco, de un país que me hiciera más soportable a los rusos. Como si no sólo tu madre me esperara con la puerta abierta, sino toda Rusia, mi patria de adopción.

Pero llegado que hube hasta ella, a su cuarto, la vi alzarse en la cama, mirarme una vez, tan sólo una vez, darme a entender con aquella mirada que todo perdido, que imposible, y dejarse caer de vuelta al almohadón. Lo entendí todo, ¡era el fin!, y gemí de impotencia en el pasillo mordiéndome los puños, barajando con rapidez respuestas, no dispuesto a ceder. Envuelto en mi bata de dormir como si estuviéramos en el año muy viejo de 1997 después de Cristo y todavía existieran imperios, hombres que mataran limpiamente para hacerse un lugar en el trono, envenenaran a sus reyes.

¿Todo eso siendo cierto todavía? Todo eso siendo cierto todavía, me había enviado el aire aquel mensaje: desposar a la joven viuda, convertirme en Zar yo mismo. Un extranjero, ¿qué importa? ¿Y todos los emperadores extranjeros de Bizancio, Miguel el Tartamudo, Constantino el Sucio, Basilio el Asesino de los Búlgaros? Con tan sólo detener mi paso o huida, volver a sus ojos, acariciar sus finas manos.

¿Por qué no lo hice? O me preguntas: ¿por qué no lo hiciste? La madrecita Rusia en la figura yaciente de tu madre, sus muslos de alabastro. Quizás demasiado joven ese día, no lo sé, Petia. Palpé maquinalmente el costillar del libro, todo el texto, lo consulté en extenso y no hallé, por primera vez, ¡es así, Petia!, ¡por primera vez!, un pasaje, palabras que se amoldaran a mis propósitos, sirvieran a mis intenciones. Hallé cosas en otros libros, en algunos grandes escritores y hasta en autores menores, pero no habría yo de atribuirle frases, pasajes, que no eran suyos, que clara y patentemente no habían salido de su pluma, Petia. No tratándose de mí, no tratándose de mi vida, no tratándose del escritor. Pasé por páginas buenas y por páginas hermosas que descarté al segundo porque no eran de él, que no podía decirme, como te había dicho a ti, Petia, que no podía engañarme como lo había hecho contigo...

–Lo sabía, lo supe desde el primer día en que me hablaste del piano que se quejaba como un pájaro abandonado por su pareja y del violín que lo oyó y le respondió desde lo alto de otro árbol.

–¡Pero eso sí es del escritor!... No importa... No diré ahora (aunque quizá ésa sea la razón): era mi vida, se trataba de mi vida. Pusilánime. No fue, no era eso.

–Escucha: jamás hubieras sido nuestro Soberano. ¡Jamás!

–Lo sé, Petia... Piotr Vasilíevich. ¿Quieres decir que nunca me hubieran aceptado como tal, que nunca habría entrado en Moscú sobre un caballo blanco? Lo sé.

5

–Bueno, sí, se llama Borges, J. L. Borges, ¿cómo has logrado saberlo? No quería decírtelo para que su nombre no quedara incrustado en ti como el de esos filósofos en Diógenes Laertes de los que sólo se conocen los fragmentos que aquél citó o comentó en su libro de manera irresponsable, diría yo. Un honor así para el comentarista, que tú, adulto, te sentaras a escribir sobre los días en el Castillo, a exaltar las bondades del libro y la inteligencia de tu ayo... Tú, Petia, que fácilmente podrías escribirlo, un libro real, un libro primario, sin comentarios ni citas en cursiva y sin que en página alguna de ese libro, en ningu-

224

no de los pliegues de tu memoria adulta, quedara y alumbrara desde allí, con el negro brillo de su nombre, el comentarista.

Hay nombres, experiencias sobre las que una persona buena, educada en el libro, no debe posar jamás sus ojos, pensar. No a título de mayor conocimiento, no a título de mayor cultura. ¡Una cultura y una erudición falsas!

Alguien —disculpa que te insista en ello— incapaz de pensar rectamente, de escribir con la franqueza de los buenos autores, y que en la única ocasión en que conoció al escritor, durante un viaje en auto, no intercambió palabra con aquél y tan sólo exclamó hacia el final y con fingido asombro: «Acelera y lentifica usted a placer la rotación de la Tierra, es usted más que Dios.»

¡Más que Dios! ¿Cómo pretender ser más que Dios?

Jamás lo pretendió el escritor, haber logrado descubrimiento científico alguno, ninguna aplicación práctica para su libro, para los fragmentos o piedras azules del Tiempo que sostiene en sus manos en el libro VII y que observa extrañado porque, habiendo avanzando en sinceridad más que ningún otro escritor en el mundo, las veces que se preguntaba a sí mismo ¿qué es el tiempo? no pudo menos que evitar mentir, no pudo menos que confesar, supo responder con absoluta sinceridad, sabia y agustinianamente: Sé lo que es cuando no pienso en él, no lo sé cuando pienso.

O lo que es lo mismo: no debimos jamás imaginar la solución de la impostura, no pretender ser más que Dios, habernos mejor confiado al destino.

6

Pero ya te hablé sobre mi ceguera, cuando te mencioné y te comenté en extenso esta frase del escritor en la que dice con justeza: era un hombre bueno. Y déjame añadir: cándido.

A quien tomó tiempo entender la calumnia que otro hombre, un falso joven, un señor de apellido alemán, Aschenbach, lanzó contra el escritor. Un joyero en Santa Mónica a quien encontré leyendo en su tienda, sin levantarse al entrar yo, pero que para atenderme apartó el libro que leía y lo colocó boca abajo.

De manera que pude leer, descifrar su título en inglés y salté maravillado: ¿cómo? ¿También ustedes tienen el libro? ¿También ustedes conocen al escritor, lo leen con veneración? Y le pedí permiso para tomarlo y lo examiné con arrobo, Petia, sin entender nada, en aquella lengua, pero hojeándolo extasiado, rendido ante él.

Hasta que lo escuché hablar del escritor como de un abanderado, ¿sabes?, Petia, y caí en la cuenta. Que lo leía porque dizque sólo en él encontraba un conocimiento y una comprensión, una pintura exacta, inclusiva, de todos los colores del arco iris. Me horrorizó escuchar aquello. ¡El escritor como un abanderado!

Dedicaría todo un libro, años de mi vida, a demostrar cuánta falsedad en ello, a limpiar... No pude, Petia, no saltar por sobre el mostrador a golpearlo con saña, a que le sangrara su boca, la boca que había hablado mal del escritor y contado esas cosas, invenciones nefandas, ¡jamás!

Y aquel uso instrumental, Petia, como si se tratara o fuera el libro un manifiesto, ¡nunca! Le pegué hasta que alguien, un cómplice suyo, su empleado (¡Tadzio!, lo escuché llamarle, ¡Tadzio!), debe haberme golpeado por la espalda y caí de bruces al suelo.

7

La golpiza que recibí, el interrogatorio al que fui sometido. El diente que escupí a mis pies: sangre asalivada y saliva. Lo que aullé: ¿no es un impostor? ¿No asume acaso la personalidad de otro? ¿No usa sus palabras? ¿No pone en boca de un solo escritor palabras de muchos otros escritores? ¿No cae siempre en la falacia de amalgamar muchos escritores en uno?

Sobre el piso de una estación de policía, con el cuerpo adolorido por la golpiza y sin que lamentara un segundo haberle salido al paso a aquel hombre. Todo falsedad, su horrible dentadura de hombre joven, propagador de esas nauseabundas falsedades sobre el escritor. Sin poder soportar tanto engaño, tantas mentiras como si allí, tan lejos de la muerte, del sitio en que debe estar, Batyk hablara por su boca. No me importó, sé que tu madre, sé que tu padre, sé que tú, Petia, llenos de respeto hacia el libro.

¡Quelle horreur que en América, la horrible Amérika, los horribles americanos se dedicaran a mancillar y a ultrajar la memoria del escritor! Y salté cuando comprendí la ignominia y la intención de sus palabras hasta que alguien, su empleado, como ya te he dicho.

Lloré, esa noche, sobre el piso de la estación y no dije, no permití y no puse en mis labios las palabras de tan sucia acusación. Sin que lograran explicarse los policías qué había disparado mi enojo (como un venablo). ¡Qué niño fui! ¡Cuán ingenua mi reacción! El salto que di, lleno de admiración, cuando lo hallé leyendo y vi de qué libro se trataba. Y cómo me lo mostró, gozoso, creyéndome un adorador de su mismo culto, de su mismo dios.

No entendieron ni una palabra, los policías. Me golpearon toda la madrugada, impotentes, un sentimiento de impotencia creciendo en ellos. Oírme hablar en aquella lengua extranjera, un extranjero a todas luces (sólo hay un pequeño territorio en todo el globo donde no lo soy; lo soy, por ende, más que cualquier otra cosa).

¿Cubano? Cubano, se los he dicho mil veces. ¿Qué importa? Cubano, ¡sí! Y recibía otro golpe. ¿Por qué, entonces, nadie aquí te entiende? Jorge es de Puerto Rico; Martínez, Pedro, no entienden ni una palabra. Y volvía a meter su puño ancho, en-

227

sortijados los dedos –déjame y te comento– en mi estómago. Y llovían otra vez las preguntas: ¿de quiénes hablas? ¿Quiénes son Pedro Helie, Hugo de San Víctor, Borges?

Los miré con un solo ojo: son franceses, les dije, o no, de Sudamérica, de un país, no recuerdo cuál (no sé por qué pensaba que si les decía argentino me pegarían con más saña). Amanecí sobre el piso de la celda, y en la ventana arriba, cuando me incorporé y me icé hacia los barrotes, vi el mar. Un mar color vino. Lloré...

8

Agotado ahora como un nadador que ha abandonado toda brega y flota sin llegar a orilla alguna, un hombre que una tarde de su vida, lleno de fuerza, idea atravesar –en el escritor, en John Cheever– las piscinas de sus vecinos, de esas casas gigantes, californianas, y bucea por sus brazos subterráneos, sin encontrar luego la salida, el camino a casa, perdido en el laberinto, muriendo allí. O como un nadador en el tiempo, *llevado arriba por el todo el movimiento de la ola y abajo por todo el movimiento de la ola, sin que haya ningún mérito en él.*

Arriba, al servicio del último emperador de Rusia. Los días felices después del viaje a Barataria y la exitosa venta de los diamantes (que no te conté), la noche del gran baile, cuando el reino pareció al alcance de la mano y vi a tu mamá reina, y volé con ella, por sobre el Castillo azul y blanco, su azulejado galáctico, resplandeciendo desde el cielo.

Abajo, a esta ciudad plana, el ejemplo totalmente pernicioso de tantas casas bajas, como una refutación válida a la idea de un Rey. Y todavía más abajo, al piso de la comisaría, golpeado. Sin que mi esfuerzo pareciera haberme conducido a nada, sin ganas, por primera vez en años, de bajar al mar. La ciudad despertando, desayunando sus hombres y mujeres enormes vasos

228

de leche, levantándose el vapor de los platos que los camareros sostenían contra el sol, saliendo de la cocina.

(¿Cómo hacerla volver? Lo maravilloso que sería poder viajar a verla con tan sólo bajar las escaleras, apostarme en el Alondra Boulevard, por donde pasan los taxis, mintiéndole antes a Larisa sobre adónde iba. Aguardarlos impaciente, subir a ellos lleno de aire, flotando en el asiento trasero como esos globos que nos llevamos de una fiesta y acomodamos en el interior de un taxi y va sonriendo, enormes, rientes sus labios, lágrimas en los ojos, feliz porque a sólo media hora de viaje por esta ciudad baja... Pero no ocupa ninguna de las cuadrículas de su trazado, ninguna está marcada por ella adentro. Debería someterme a la presurización de un avión, arrastrar los pies por el gusano hasta su flanco de acero. Cuernavaca es un lugar lejos. No hay mar en Cuernavaca, lo he comprobado en el mapa. Verde y marrón sobre el papel, un lugar aborrecible del que el escritor jamás tuvo noticia, sobre el que no escribió nunca, de Los Ángeles sí, estoy seguro.)

Y atiéndeme: tan sólo esto le discuto al escritor y con sólo una cosa no estoy de acuerdo: no *sin que haya ningún mérito en mí*.

Yo fui, yo salté, fui yo quien saltó. En mí, como en ese héroe del escritor, una materia dormida de Lord –de Tuan, le llama–, que termina de organizarse en el aire antes de caer en aquel lodo, en Patusan, *en medio de la confianza y el amor del pueblo*.

Coronado a mi viaje hacia el mar, porque en el centro, Petia. Desde el centro de la esfera hablándote. Asistido por una nube de seres instantáneos o bestezuelas aladas, los yahoo, *su velocidad y su agilidad para trepar los árboles*. Que purgarían la horrible culpa de la traición de su hombre, de Batyk, en la corte de tus padres, diablejos dominados, o como ángeles cautivos volando hasta los más remotos confines de la esfera. A traer de vuelta, en sus picos, fragmentos y pasajes de todos los libros, a sostenerlos en el aire frente a mí con profunda reverencia. Toda la sabiduría del libro, de todos los libros, ante mis ojos, infinitamente sabio y fabulosamente rico.

Infinitamente sabio. Entendido el principio generador del libro, añadiendo volúmenes a los siete primeros del Rey Perfecto, confiando en que tal vez, a la distancia de treinta siglos, terminasen amalgamándose en un solo libro, confundidos mis torpes comentarios, las alusiones al cálido Mediterráneo con sus páginas miniadas sobre el mar de Normandía. ¿En un mismo libro? ¡En un único libro!

Y fabulosamente rico. Porque ¿qué otra prueba tenía yo? ¿De qué modo comprobar mi vida junto al Emperador de Rusia (¿pero usted, tan joven? Sí, yo, tan joven), que no fuera la enorme riqueza, la inimaginable suma en diamantes que guardaba en mi bolsa como un viajero en el tiempo?

No una flor, como el comentarista miente, ¡una rosa como prueba de un viaje al Paraíso! ¡Pero si el Paraíso, y es notorio y lo sustenta la autoridad de Juan, el Téologo, está sembrado de diamantes, las piedras que cita con innegable fruición en las últimas páginas del libro: *jaspe, zafiro, calcedonia, esmeralda, sardónica, sardio, crisolito, berilo, topacio, crisopraso, jacinto, amatista!*

¿Qué traerías tú, Petia, de un viaje en el tiempo? ¿Una rosa? ¿O diamantes cosidos al faldón del abrigo a los que, reunidos tus amigos en un banquete e incrédulos ante tu historia, todo lo vivido y visto por ti en China, recurrieras ante su incredulidad, como lo hizo Marco Polo en 1295, al argumento último de los diamantes que descosió y sacó del forro de su abrigo o caftán?

De modo que abrieron sus bocas, pasmados, los presentes y gritaron: ¡el millón! Que es como se llama aquel libro, el quinto que aquí cito, según la ley de Valentiniano para el comentario: no más de cinco autores.

¡Millones en diamantes! Igual yo. La mejor y única prueba de mi viaje en el tiempo. Porque te acuerdas cuando me preguntaste ¿de qué trata el libro?, ¿cuál es su tema?, y te dije y te respondí: del dinero, sobre cómo hacer dinero; pero ahora puedo decirte que también, y según ese adagio de mi país: el tiempo es dinero, trata a su vez del tiempo. ¿En búsqueda del dinero perdido? (no, vulgar y detestable. Mejor del tiempo). Tienes razón, Petia, del tiempo.

ÍNDICE

Impreso en
Reinbook Imprès, sl,
Múrcia, 36 - 08830 Sant Boi de Llobregat